Marsilio NODI

Salvatore Merlo

Destra, sinistra e viceversa

Catalogo breve dei peggiori vizi dei conservatori

Marsilio NODI

Prima edizione: marzo 2024
ISBN 978-88-297-8897-2
www.marsilioeditori.it
Realizzazione editoriale: Studio editoriale Littera, Rescaldina (MI)

Stampato da
Grafica Veneta S.p.A., Trebaseleghe (PD)
per conto di Marsilio Editori® in Venezia

EDIZIONE

10 9 8 7 6 5 4 3 2 1

ANNO

2028 2027 2026 2025 2024

Indice

«Destra o sinistra per me pari sono» è il titolo di apertura di chi si aspetta dalla politica null'altro che cose fatte male, decisioni ingiuste, arricchimenti più o meno illeciti, provvedimenti più o meno clientelari.

Resiste l'idea che in fondo destra e sinistra siano residui di speranze vane, sogni mai realizzati, certezze punite e illusioni perdute.

Questo modo di dire rappresenta insomma il pilastro verbale della lunga stagione dell'afasia, della scontentezza, dell'idea rancorosa che noi, cioè la gente, siamo sempre migliori di loro, cioè gli eletti; che i cattivi sono tutti di là, cioè in Parlamento, e i buoni di qua, nel popolo sovrano. Una stagione figlia anche delle responsabilità, delle omissioni, dei tradimenti della fiducia popolare, della caduta verticale di reputazione della classe dirigente.

Questa convinzione rende quindi estranea al dibattito pubblico qualunque passione ed esprime il ripudio a volte persino della logica, essendo divenuto il voto, la scelta di affidarsi all'uno piuttosto che all'altro, l'esito di una decisione sempre negoziabile, provvisoria e revocabile.

In questo libro invece destra e sinistra, apparentemente unite sotto lo stesso tetto, sono poste agli antipodi, anzi capovolte a rendere esatta la distanza dell'una rispetto all'altra.

Ogni democrazia avrebbe bisogno (e così oggi purtroppo non è) di una sinistra progressista, riformista, anche radicale nelle sue scelte, e di una destra liberale e aperta al mondo, consapevolmente conservatrice, rigorosa nei suoi riferimenti costituzionali.

Destra e sinistra le trovate qui capovolte perché vogliamo sia chiaro che il filo logico, pur partendo dalla medesima premessa, segue strade che mai s'incrociano per giungere però alla meta condivisa: il buon governo.

Abbiamo tentato di indicare quel che ci aspetteremmo dalla destra e dalla sinistra, l'una oggi al governo e l'altra all'opposizione. E abbiamo segnato, come fosse un bloc notes, quel che immaginiamo debbano realizzare: le decisioni da prendere, il programma da attuare. Vorremmo infatti che si mostrassero per quel che sono davvero, illustrassero finalmente la loro idea di società, la loro idea del bene comune, il valore che danno all'equità, al merito, alla libertà di ciascuno di affrontare la vita secondo il proprio talento.

Vorremmo infine che destra e sinistra non pensassero più di nascondere il proprio volto e tradire le speranze nella convinzione che la politica sia solo mestiere e non passione.

Antonello Caporale
Salvatore Merlo

Spegnere la fiamma

Essere venuti a patti con il presente, ma senza aver avuto ancora il coraggio di costruire fino in fondo l'avvenire. Superare questa grande contraddizione è la sfida che si prospetta per i prossimi anni. Non tanto per il governo di destra, quanto piuttosto per la destra in sé. A comandare oggi in Italia è una giovane donna post-missina che sembra – ma lo si vedrà – voler creare quella destra conservatrice e moderata che nel nostro Paese in realtà non è mai esistita. Perché possa riuscirci, però, dovrà affrontare le nuove sfide che si delineano all'orizzonte, ben diverse da quelle previste dall'opposizione di centrosinistra all'inizio del mandato di governo presieduto da Giorgia Meloni. Il fascismo, l'autoritarismo, la compressione delle libertà individuali... Gli avversari di Meloni paventavano di fronte all'opinione pubblica il rischio che la destra avrebbe portato l'Italia a una specie di riedizione del fascismo, innescando una «deriva orbaniana», con rigurgiti di antieuropeismo e forme di pericoloso nazionalismo («L'amor patrio non conosce le frontiere altrui» diceva l'ironico aforista polacco Stanisław Jerzy Lec). Eppure, in merito alle questioni fondamentali e ai valori non negoziabili di una democrazia liberale come quella italiana, nulla di tutto ciò si è concretizzato. Nemmeno lontanamente. Quello che invece preoccupa un elettore comune, non militante, che non sia avvolto dalla nebbia della propaganda, dell'antipatia o dell'ideologia, per questo tipo di elettore «apota», «che non se la beve» – il genere di elettore al quale ritengo di appartenere – la principale preoccupazione riguarda piuttosto la capacità della destra di pianificare il proprio futuro e quello dell'Italia, dimostrando creatività, visione e coraggio.

Cosa ci aspettiamo che faccia la destra? Ci aspettiamo, per esempio, che introduca principi di modernità, che s'impegni per garantire il sostegno alle imprese, che coltivi il rispetto dei simboli nazionali, che si spenda per contrastare il populismo penale, che alimenti il senso dello Stato e si adoperi per una sburocratizzazione nazionale a ogni livello. La scommessa principale riguarderebbe la sua abilità nel distaccarsi dalla parola «sovranismo», un'autentica baggianata da pusillanimi, che rimanda a una forma di introflessione psicologica e politica. Per farlo bisogna saper archiviare per sempre la stagione pittoresca del sovranismo, quella della rincorsa alle stramberie e alle capriole di Matteo Salvini, per plasmare una destra classica, di governo, nazionale e repubblicana, una forza politica capace di rappresentare una nuova era.

Nel troppo citato, e forse assai meno compreso, *Manifesto dei conservatori*, Giuseppe Prezzolini scrive queste poche, sentite, parole: «Prima di tutto il vero conservatore si guarderà bene dal confondersi con i reazionari, i retrogradi, i tradizionalisti, i nostalgici; perché il vero conservatore intende "continuare mantenendo", e non tornare indietro e rifare esperienze fallite».

È innegabile che, senza un cambio di rotta verso il futuro e un nuovo progetto che sostenga la modifica delle sue coordinate politiche, questa destra potrà stupire (ed essere persino elogiata) per le azioni di governo che disarmano e spiazzano gli argomenti ideologici della sinistra, ma non per ciò che riesce a creare in politica. Non da oggi la destra è soggetta ad ammalarsi di se stessa, un male che consiste nell'essere contemporaneamente il febbricitante e la febbre, il soggetto che soffre e quello che fa soffrire. Mentre il punto sta nel riconoscere che per edificare una nuova Italia e un nuovo centrodestra non è sufficiente confrontarsi con il passato, ma è imperativo avere il coraggio di costruire quello che verrà dopo.

L'occasione è di quelle che non possono essere mancate. Meloni, infatti, potrebbe avere l'opportunità di realizzare ciò che a Gianfranco Fini non riuscì nei primi anni Duemila: sviluppare in Italia una destra conservatrice moderna. Tuttavia, per conseguire questo obiettivo, è essenziale che non si lasci influenzare da spiriti legati al passato.

Per mantenere una stabilità politica nel corso del tempo, ogni classe al potere necessita di un sistema di idee e valori che guidino le sue azioni e ambizioni. Questo insieme di principi deve essere saldamente radicato nella realtà attuale, ma allo stesso tempo deve orientare le aspirazioni verso miglioramenti e progressi. Nel 1994 l'uscita della destra missina dalle catacombe e il suo sposalizio con l'alta società democratica furono un effetto collaterale del vuoto di potere provocato dalla stagione di Tangentopoli, pronubo il crollo del muro di Berlino. Perché non immaginare che ora la sorte riservi alla destra un supplemento di fortuna? Immaginiamolo pure.

La sopravvivenza del bipolarismo garantisce a questa destra, forse, la facoltà di attirare parte delle energie che furono intorno a Palazzo Grazioli, residenza romana di Silvio Berlusconi. Quel mondo liberale, nel pensiero economico e nelle inclinazioni, che però il Cavaliere non sembra aver mai saputo interpretare fino in fondo. Dopo qualche decennio definito a sinistra come «neoliberista», in realtà nel nostro Paese abbiamo tasse scandinave, una burocrazia tra le più complesse d'Europa e la giustizia probabilmente più lenta del continente. Ne potremmo dedurre che una destra liberale – meno burocrazia, meno tasse e giustizia giusta – non l'abbiamo avuta mai. Che sia arrivato il momento?

Fini aveva davanti a sé l'ostacolo fantastico e anomalo di Berlusconi, vivo e strapotente. Il suo conservatorismo fu fagocitato, anzi triturato senza difficoltà dal populismo semiliberale e dai mezzi materiali del Cavaliere. Meloni, al contrario, ha uno spazio concreto per costruire un partito conservatore moderno. E allora, anziché alludere a complotti e restare prigioniera di una sindrome di minoranza, anziché guardarsi intorno in modo paranoico e volgere lo sguardo a ciò che è stato, dovrebbe pensare ai suoi elettori, che vogliono capire cosa significhi nei fatti «destra conservatrice».

Credo che, per quanto riguarda la destra, sia necessario concentrarsi sul tema, variamente declinato: prendere congedo dai lidi tradizionali di Dio, Patria, Famiglia.

Il desiderio di un elettore riluttante è quello di una destra che non sia vittima del proprio passato, né destinata a perpetuare gli schemi berlusconiani, ma piuttosto interessata ai modelli del conservatorismo europeo. Il che significa una destra de-ideologizzata, davvero maggioritaria, anti-populista, capace di parlare e raccogliere consensi anche a sinistra al di là dei tradizionali steccati ideologici. Laica, ghibellina, pragmatica e il più possibile liberale.

Ma quali sono i passaggi necessari per arrivarci? Sono insieme simbolici, estetici e pratici. La famiglia, per esempio, sventolata come bandiera ideologica vuol dire poco: prenderla sul serio significa, invece, affrontare con una strategia il problema demografico, mettendo in campo anche adeguate politiche sull'immigrazione.

Sarebbe fantastico se la destra contrapponesse alla spensierata idea della sinistra «accogliamo tutti i migranti» il principio secondo il quale la patria appartiene a chi la ama, non solo a chi è toccato in sorte di nascervi da cittadino. Agli immigrati va data la cittadinanza, quando parlano italiano e pagano le tasse. Ai doveri corrispondono i diritti. La nazione, parola cara a Meloni, se è sicura di sé non può temere gli immigrati, ma deve saperli integrare, renderli italiani. Anche «patria» è una parola assai retorica, ma in concreto che cosa significa, quale idea di patria offre oggi la destra agli italiani? Va bene voler difendere le tradizioni, persino culinarie, ma il rispetto delle tradizioni non può diventare lotta alla modernità e alla tecnologia, che riduce la ricchezza, deprime l'impresa privata, com'è avvenuto con i divieti imposti, per esempio, alla carne coltivata, o con l'idea che si debbano creare quote «culturali» e impedire ad attori e registi stranieri di recitare nel nostro (non a caso povero) cinema. E che dire della guerra fatta ai pagamenti elettronici? O della paura manifestata da alcuni nei confronti dell'intelligenza artificiale?

Per non parlare delle tasse. Il generale de Gaulle fece notare a un suo giovane ministro, Jacques Chirac, che nessuno avrebbe dovuto destinare allo Stato oltre un terzo del proprio reddito. Al di sopra di questa soglia, affermò de Gaulle, «non saremmo più un paese capitalista ma ci trasformeremmo in un'entità sociale diversa». Ecco, attualmente in Italia siamo un'entità sociale diversa. Fin qui neppure la destra ha abbassato le tasse, sebbene abbia suggerito che fosse possibile evitarne il pagamento.

Quel che serve è una buona dose di pragmatismo, senza paura e senza buttarla in caciara; serve un colpo di reni sprovincializzante; questo è ciò che un elettore attento ma disilluso, uno che vorrebbe votare ma non ci riesce, si aspetterebbe dalla destra conservatrice.

Ecco, appunto. Partiamo allora da ciò che vorremmo. Proprio dal concetto di «patria», tanto per cominciare. Non è vero che la patria si difende senza discutere, la si difende mettendola in discussione, e lo stesso vale per la parte politica alla quale ci si sente più vicini (o meglio, meno lontani): è denunciandone noi stessi i difetti e le debolezze che la si aiuta.

Rivendicare l'eterodossia rappresenta l'unico atto di coraggio autenticamente difficile e meritevole, l'unica manifestazione producente di patriottismo e di solidarietà in una nazione e in una società che al contrario tendono all'ortodossia e al conformismo. Lo spirito di massa non ama le discussioni, diceva Vitaliano Brancati: è lo spirito di minoranza che presiede alla critica, all'arte e, ovviamente, alla buona politica.

Non sempre però la critica è gradita dai politici, anzi quasi mai. E quelle che seguono sono, perlopiù, pagine di critica. Metterò in fila una serie di contraddizioni, di paradossi che percorrono vari ambiti dell'azione politica e sociale, nell'intento di evidenziare cosa non funziona e fa cortocircuito nella destra italiana, individuando altrettanti cantieri su cui la destra dovrebbe misurarsi per creare quella compagine moderata che, come abbiamo visto, in Italia non è mai nata. Lo farò con spirito costruttivo, correndo tuttavia il rischio che quanto dico possa infastidire gli eventuali lettori che si riconoscono nella proposta politica della destra. Allergici, spesso, agli addebiti. Persino a quelli non faziosi e disinteressati. Ne sono consapevole. Ma, come diceva Rhett Butler in *Via col vento*: francamente me ne infischio.

L'Italia come al tempo dell'Unione Sovietica

La notevole determinazione dimostrata da Giorgia Meloni nel suo primo anno di governo si è palesata soprattutto nel campo della politica estera. È lì, infatti, che la premier ha dato prova della capacità di adattare il suo passo e le sue scelte alla contingenza e a un modo di concepire i rapporti internazionali assai diversi da quanto non avrebbero lasciato pensare le dichiarazioni e le intenzioni manifestate negli anni precedenti alla campagna elettorale del 2022, nella quale già si segnalavano alcune novità assai significative, dovute alla notevole capacità della leader della destra italiana di interpretare le fasi politiche e di cogliere le opportunità che esse offrono.

Nel complesso non c'è nessuno oggi in Italia – nessuno che non sia annebbiato da partigianeria o da eccessi di antipatia politica, intendo – che non riconosca come il governo della destra sia stato efficace in Europa. L'aspetto per certi versi sorprendente, e che lascia intravedere una possibile linea evolutiva della destra italiana, è stato la sua chiara volontà, in ogni occasione cruciale, di non trasformare mai lo scetticismo verso l'Unione europea in un atteggiamento antieuropeista.

Il governo di centrodestra ha, al contrario, prestato grande attenzione al pericoloso debito pubblico del nostro Paese, ha limitato le polemiche sul Piano nazionale di ripresa e resilienza (Pnrr) con l'Unione europea, ha gestito con una certa abilità la rottura al Consiglio europeo con Ungheria e Polonia sulla questione dei migranti. Tutti passaggi difficili e centrali, destinati a riplasmare l'Europa e forse anche la destra in Italia. Inoltre, il governo ha ottenuto notevoli risultati anche nel contesto internazionale, al di fuori dei confini europei. E infatti, nel suo primo anno di vita, il governo conservatore non ha commesso errori quando si è trattato di promuovere l'unico antifascismo che conta, il solo che non sia retorico o strumentale: quello che si concretizza nel sostegno alla resistenza ucraina e nel contrasto indefettibile al terrorismo totalitario di Vladimir Putin. Quella forma di antifascismo necessario che si rafforza nell'appoggio a Israele contro il terrorismo modello Hamas.

Il fulcro della posizione internazionale dell'attuale governo è stato poi la relazione speciale con gli Stati Uniti democratici guidati da Joe Biden. E nonostante il prepotente ritorno sulla scena di Donald Trump, la destra italiana, almeno nel suo primo anno a Palazzo Chigi, non ha cercato di apparire più vicina all'agenda dell'ex presidente rispetto a quella di Biden. Non era per niente scontato. Il governo Meloni avrebbe potuto essere, considerando le circostanze e le sue alleanze con la destra di Viktor Orbán in Ungheria, la riproposizione della stagione pasticciata e grottesca vissuta con il governo di coalizione gialloverde, quello che, sotto la guida di Giuseppe Conte, vedeva alleati Lega e Movimento 5 Stelle. D'altra parte, uno dei vicepremier di Meloni, Matteo Salvini, è lo stesso di allora. Ma la realtà dei fatti è stata ben diversa. La presidente del Consiglio è infatti riuscita a diventare il contrario di ciò che Salvini, con il sostegno del Movimento 5 Stelle, era stato durante quella stagione – a mio avviso piuttosto inquietante – della politica italiana. Salvini, con Conte e Luigi Di Maio, si era rivelato un pericolo. Per le finanze pubbliche: basti pensare alla riforma delle pensioni che ha squilibrato i conti. Per l'Unione europea: sarebbe sufficiente ricordare lo spread che in quegli anni era un'altalena impazzita. Per le relazioni internazionali dell'Italia: chi non ricorda il patto sulla Via della Seta siglato con la Cina? Quell'accordo non fu dannoso solo per ragioni strategiche – l'allora governo gialloverde lo firmò, rendendo l'Italia l'unico Paese del G7 ad avere un'intesa del genere, per renderci più autonomi dall'asse atlantico: quando si dice la lungimiranza –, ma anche per ragioni economiche, in quanto non ha prodotto un risultato che sia uno. Nel 2022, a tre anni dalla stipula, l'export italiano nei confronti della Cina aveva toccato i 16,4 miliardi (in Francia 23,7 e in Germania 107), il disavanzo commerciale aveva raggiunto quota 41 miliardi (Francia: 25 miliardi; Germania: 23 miliardi), gli investimenti bilaterali si assestavano intorno a 5,7 miliardi (contro i 10,1 della Francia e i 14 della Germania), gli investimenti italiani in Cina ammontavano a 15 miliardi (Germania: 112, Francia: 38). Sintesi: rischio di subordinazione ai cinesi, tentazione di disallineamento dalla Nato, affari zero. Bilancio: un disastro.

Quel patto è stato cancellato da Giorgia Meloni, non senza difficoltà. Il punto è che oggi nulla di tutto questo è più sul proscenio della politica e dell'economia italiane. Ed è una fortuna. Salvini c'è ancora, sì, ma non è lui a comandare.

Sicché oggi la destra italiana assomiglia un po', *mutatis mutandis*, a quello che il Pci fu in Italia da un certo momento in poi rispetto agli altri partiti comunisti che affliggevano il mondo oltrecortina. Come Enrico Berlinguer cercava di differenziarsi dal modello sovietico, promuovendo una via al socialismo basata sulla democrazia e sulla pluralità politica, così Meloni rappresenta un'anomalia rispetto a tutto il resto dell'internazionale destrorsa. Nei Paesi Bassi c'è lo xenofobo Geert Wilders, in Ungheria l'illiberale Orbán, in Brasile la destra è rappresentata dall'eccentrico Jair Bolsonaro, in Francia dallo sciovinismo di Marine Le Pen, in Germania dalle punte razzisteggianti di Alice Weidel, e negli Stati Uniti si riaffaccia la capigliatura color carota di Donald Trump. Noi invece abbiamo Meloni, appunto, la donna che ha chiuso il non breve periodo durante il quale, regnante Matteo Salvini, essere di destra significava all'incirca spararla grossa e cercare di farsi un selfie non appena da qualsiasi parte del mondo spuntasse al governo un tipo strambo ma di successo, un omaccione forte, uno un po' mattacchione (o mattoide), uno che magari dispone missili nel Pacifico come fossero carrarmatini del Risiko o che gioca con il filo spinato e i cannoni. Stagione finita, dunque. Un'epoca mandata in soffitta, almeno apparentemente, dalla leader, che sembra avere trasformato l'esperienza di quella destra senza briglia e senza bussola nel simbolo genuino di tutto ciò che l'Italia non sarà mai più. Mai più filocinese, tanto per cominciare. Dunque mai più orientata contro l'atlantismo, come dimostra il sostegno totale del governo italiano all'Ucraina e a Israele. Mai più contraria all'Unione europea, come evidenziato dal successo ottenuto con il Piano nazionale di ripresa e resilienza, ma anche dagli accordi sull'immigrazione con la Germania. Mai più ottusamente nazionalista: il governo non ha portato avanti una politica di muscoli di cartone agitando l'idea dei porti chiusi ai migranti, ma ha puntato agli accordi sull'immigrazione anche con Bruxelles. Mai più minacciosa per i mercati: la legge di bilancio del 2023 è stata assai prudente e lo spread è sempre rimasto sotto controllo. Infine, e in generale, mai più considerata poco affidabile dai partner internazionali o dai mercati. Il risultato è che oggi la destra di Meloni, pur dando forse ad alcuni l'illusione di essere molto vicina al modello protezionista e sovranista di Orbán e di Trump, è in realtà una forza politica che sembra essersi convinta del fatto che l'unico modo per governare è dimostrare ogni giorno di essere un argine alla destra estrema di cui in teoria sarebbe alleata.

Oggi in Italia l'opposizione è enormemente in difficoltà perché la maggioranza non corrisponde alle sue aspettative e non assomiglia, nelle politiche di governo, alle altre destre europee. E nemmeno assomiglia a Trump. Prendiamo il caso, clamoroso, dell'immigrazione. Su questo argomento, che da sempre tanto accelera il metabolismo dell'elettorato italiano, finora l'opposizione non ha trovato nulla di serio da contestare a Meloni, perché la presidente del Consiglio non ha intrapreso alcuna azione che possa essere categorizzata come di «estrema destra». Al contrario, quando ha partecipato al vertice della Comunità politica europea nel 2023, a Granada, la premier italiana ha conseguito due risultati che avrebbero dovuto suscitare apprezzamento anche nelle file dell'opposizione. È riuscita, infatti, a persuadere il governo tedesco, guidato da un socialdemocratico come Olaf Scholz, a modificare il proprio parere sulla questione del finanziamento delle Ong che si occupano di immigrazione. Inoltre, ha firmato un accordo in Europa sul Patto per la migrazione e l'asilo, opponendosi ai suoi storici alleati europei – l'ex premier polacco Morawiecki (destra ultracristana) e il primo ministro ungherese

Orbán (l'inventore dell'ossimoro «democrazia illiberale») –, e lavorando per ottenere ciò che il centrosinistra chiede da anni, con scarso se non nullo successo, all'Unione europea: una solidarietà obbligatoria da parte dei Paesi membri verso i migranti, che si traduca in ridistribuzione o contributi finanziari, e una serie di deroghe per i Paesi sotto pressione, come tempi più lunghi per le registrazioni e prolungamenti della detenzione.

Lo stesso esecutivo Meloni, spesso criticato come un governo di destra estrema dai suoi avversari politici (e talvolta da una stampa estera che legge solo alcuni quotidiani italiani assai schierati a sinistra), è quello che, a differenza di qualunque altro governo nella storia della Repubblica, ha aperto le quote del decreto flussi: 452.000 in tre anni. Questo governo cosiddetto «sovranista» è inoltre quello che ha optato per modificare la legge Bossi-Fini, riuscendo così a mettere in pratica quanto tentato, invano, per anni dal centrosinistra: il 26 luglio 2023, infatti, la commissione Affari costituzionali della Camera ha approvato all'unanimità un emendamento del capogruppo di Fratelli d'Italia, Tommaso Foti, che punta al superamento della Bossi-Fini. In sostanza, ciò che questo governo «orbaniano» ed «estremista» sta compiendo sull'immigrazione – esclusi probabilmente i Centri di permanenza per i rimpatri – è più o meno in linea con quanto avrebbe fatto l'opposizione se fosse stata al potere. Se la sinistra e la pubblicistica quotidiana fossero più creative, anziché accusare Meloni di essere fascista, trumpista o orbaniana, la sfiderebbero a proseguire ciò che ha iniziato a fare: meno slogan, più Europa e più concretezza.

Il punto è dunque proprio questo: la destra italiana è al momento – come il Pci di Berlinguer ai tempi dell'Unione Sovietica – un'interessante (e forse promettente) anomalia nel contesto della destra mondiale. E di sicuro la discontinuità politica di Meloni rispetto a quelli che in teoria sarebbero i suoi alleati internazionali produce risultati. Il 2023 avrebbe dovuto essere un periodo critico per l'economia italiana, caratterizzato da declino economico, aumento dello spread, crollo delle Borse, elevata disoccupazione, investimenti stagnanti, inflazione in crescita e dispersione delle risorse europee. Tuttavia, almeno nel primo anno e mezzo di governo, contrariamente alle previsioni di molti osservatori, l'andamento economico dell'Italia si è rivelato molto diverso.

Nel novembre del 2022 il dipartimento europeo del Fondo monetario internazionale aveva previsto una recessione tecnica invernale per oltre la metà dei Paesi dell'area euro, incluse Germania e Italia. A dicembre del 2022, Standard & Poor's prospettava una leggera recessione in Italia, con una contrazione dello 0,1 per cento del Pil nel 2023; confrontando queste previsioni con i successivi rilievi dell'Istat è invece emersa una situazione opposta. Sempre nel dicembre del 2022 l'Istat prevedeva una crescita del Pil dello 0,4 per cento per il 2023, ma ha poi rivisto il dato al rialzo portandolo allo 0,7 per cento. L'Istituto prospettava anche un aumento del tasso di disoccupazione nel 2023 (pari all'8,2), invece ha successivamente indicato che la disoccupazione sarebbe stata inferiore al 2022 (7,6 rispetto all'8,1 di dodici mesi prima). Altri segnali positivi sono il raggiungimento a Piazza Affari dei 30.000 punti, con un aumento del 25 per cento, e l'andamento delle esportazioni delle imprese italiane che, secondo le stime del gruppo assicurativo-finanziario Sace, dovrebbero superare il record del 2022, raggiungendo i 660 miliardi di euro (+6,8 per cento). Insomma, l'anno che avrebbe dovuto essere disastroso per l'Italia, il primo della destra al governo, si è rivelato diverso grazie alla resistenza elastica dell'Eurozona e anche grazie alla capacità dell'Italia di smentire le previsioni negative.

Questo successo sotto il governo Meloni può essere attribuito in primo luogo, ovviamente, all'azione concreta della Bce sull'inflazione e agli investimenti concordati con l'Unione europea tramite il Pnrr, oltre all'abilità delle imprese italiane di internazionalizzarsi e sfruttare il mercato europeo. Ma a contribuire in maniera determinante sono state anche la continuità euroatlantica di Meloni con il precedente governo di Mario Draghi e la discontinuità con il passato dell'esecutivo Conte-Salvini.

In breve, se l'Italia sotto il governo Meloni ha affrontato la situazione meglio di quanto sospettassero, o forse auspicassero, i suoi avversari, questo risultato è attribuibile principalmente a ciò che i sovranisti in teoria alleati di Meloni nel resto del nostro continente e nel resto del mondo hanno sempre considerato un problema: l'Europa. E ciò conduce a un altro tipo di riflessione: nei prossimi anni la destra dovrà dimostrare che un governo solido, senza avversari e senza ostacoli, può non solo rimanere nei binari di una corretta e decente amministrazione, ma persino superare le aspettative. Ammesso però che nel frattempo accadano alcune cose. In poche parole, Meloni dovrà decidere se tagliare definitivamente i ponti con l'internazionale sovranista per dare sostanza, anche ideologica e politica, a quelle notevoli svolte che finora si sono concretizzate nell'azione di governo, ma non dal punto di vista comunicativo e programmatico. L'ipotesi che Meloni si sganci dal sovranismo, anche a parole, per fondare un nuovo partito di carattere conservatore classico è verosimile, ma è allo stesso tempo sottoposta a diverse incognite di carattere internazionale che, ancora una volta, riguardano il resto del mondo e i rapporti tra la nostra destra e quella europea e americana.

La questione Ucraina, tanto per cominciare, è forse il passaggio politicamente più rilevante, per i nuovi equilibri che la candidatura di Trump prefigura nella destra mondiale e soprattutto in quella europea. Il messaggio che arriva dall'America è grossomodo questo: la questione dell'Europa orientale e del conflitto con la Russia è una faccenda europea e deve essere l'Europa a occuparsene. *America First*, per l'appunto. Ciò costringe i trumpisti in Europa a scegliere da che parte stare. Per gli alleati dell'ex presidente che nei loro Paesi si trovano all'opposizione, non sarà difficile dire: «Basta sprecare risorse in un conflitto impossibile da vincere». Per coloro che invece sono suoi sostenitori ma si trovano al governo, la scelta sarà meno ovvia. Fino a che punto si spingerà, per esempio, Orbán, che governa ora l'Ungheria, nella sua politica di disimpegno dall'Ucraina? E la Slovacchia guidata da Fico? E i Paesi Bassi dominati da Wilders? E l'Italia di Giorgia Meloni e Matteo Salvini? In quest'ultimo caso, se Salvini dovesse indossare nuovamente i cappellini a favore di Trump, a quel punto Meloni che farà? Continuerà a essere leale alla linea atlantista di Joe Biden, oppure, per non lasciare spazio al suo rivale al governo, cambierà posizione? Non è questione che si possa liquidare in poche battute, com'è evidente. Si tratta, per usare un'espressione abusatissima, della classica *sliding door*: restare al fianco dell'Ucraina, senza arretrare di un millimetro, riconoscendo che il modo migliore per difendere una democrazia assediata è quello di armarla, oppure assecondare la tesi di Trump? E in sostanza, restare ancorati all'idea di una destra non populista e di tendenza conservatrice (in America i conservatori classici si sono schierati contro Trump) oppure arrendersi all'onda populista che origina dall'America? Bella domanda. Dalla risposta che la destra italiana darà si potrà probabilmente misurare quanto questa sarà in grado di mantenere, e persino di rafforzare, il suo «eccezionalismo» rispetto all'internazionale sovranista.

Porti chiusi, problemi aperti

Essere o stare a destra non significa fare la voce grossa, tifare per la detenzione dei neri, spararla grossa dalla mattina alla sera, evocare speronamenti e chiusure di porti, odiare gli islamici e mettere socialmente al bando stranieri e immigrati. Chi lo pensa da sinistra è in perfetta malafede. D'altra parte la sinistra – non da oggi e non soltanto in Italia – tra le sue tante ambizioni ha pure quella di scegliersi la destra che vorrebbe. Disegna un avversario nell'aria e lo prende a cazzotti, spesso menando fendenti a vuoto però, perché quell'avversario non ha nemmeno una delle caratteristiche che la sinistra immaginava.

Da quando faccio il giornalista ho costantemente ascoltato intellettuali di sinistra liquidare la destra in modo sprezzante. Basta ricordarsi delle terribili storie raccontate su personaggi come Richard Nixon. E tuttavia, nonostante uno stile personale contestabile che lo portò alle dimissioni, Nixon seppe attuare una politica economica di centro e ottenne un notevole successo nella politica estera, instaurando relazioni con la Cina di Mao su suggerimento di Henry Kissinger. Una mossa che divise il fronte comunista contribuendo a gettare le basi della vittoria americana nella Guerra fredda.

Il fatto è che ogni volta che emerge un leader di destra viene dipinto come il peggiore possibile: negli Stati Uniti è successo con Ronald Reagan, e poi con i due George Bush. In Gran Bretagna è avvenuto con Margaret Thatcher. In Italia le cose non sono così diverse, ma la questione si complica ulteriormente perché la parola «destra» è spesso associata al fascismo. E dunque anche Giorgia Meloni è una leader pericolosa e detestabile, quantomeno nella visione strabica della sinistra, perché, appunto, essere di destra non significa affatto essere razzisti o voler prendere le impronte dei piedi ai neri. Anche chi lo pensa a destra – e non sono pochi, purtroppo – è vittima di una trappola mentale e subculturale. È un populista qualsiasi, non un conservatore; è un corpo estraneo, un intruso nella variegata compagine della destra.

Il populismo politico, applicato all'immigrazione come pure all'economia o a qualsiasi altro campo dell'amministrazione del governo, altro non è che il cedimento ai desideri più immediati e pigri di un popolo in difficoltà a cui non si indicano mai un orizzonte e una prospettiva di crescita, faticosi eppure remunerativi, ma la strada più comoda, lasca, in definitiva miserabile. Al contrario, una volta stabilito che gli immigrati, come insegna la storia, hanno la tendenza a insediarsi nel luogo che li ospita, a mettere radici in modo permanente, una volta assodato che l'immigrazione non è un'«emergenza», ma un fatto «epocale», quasi un esodo biblico, ecco che il conservatore, cioè un pragmatico che diffida sia dell'eroismo sia della mancanza di scrupoli, si pone questa domanda: come vogliamo considerare nel prossimo futuro queste persone che sbarcano sulle nostre coste e vivranno inevitabilmente tra noi? Come degli ospiti tenuti ai margini della vita collettiva, destinati a restare confinati nelle loro comunità di origine e a coltivare perciò sentimenti di rancore verso il prossimo, o come cittadini a pieno titolo, inseriti nel tessuto sociale, con diritti e doveri regolati dalla legge?

Di sicuro non è di destra l'idea di riempire l'Italia di fantasmi estranei alla nostra cultura. E neppure lo sbandieramento retorico di frontiere chiuse e muscoli di cartone, di rimpatri impossibili e di tenorili detenzioni carcerarie. Questo è l'opposto della destra, e non solo perché il conservatore è un moderato il quale sa, come diceva Elémire Zolla, che sovente l'eccesso è segno del contrario di ciò in cui si eccede. Il conservatore è consapevole che è proprio dalla capacità di integrare gli stranieri che si misura la forza della nazione, la sua capacità di restare coesa, di conservare se stessa, la propria cultura, le proprie tradizioni, le proprie leggi, persino le proprie radici giudaico-cristiane. Ed è questo a cui dovrebbe puntare una politica conservatrice. Altro che «chiudiamo i porti»: tutto ciò non serve assolutamente a niente, ed è la ragione per la quale Matteo Salvini non è un uomo di destra. Egli è un allegro zuzzurellone della politica, come ce ne sono tanti purtroppo, e non è certo un caso che Meloni abbia evitato, una volta divenuta presidente del Consiglio, di destinarlo nuovamente al ministero dell'Interno.

Oggi l'Austria impone un severissimo esame di lingua tedesca agli immigrati, perché mirare all'integrazione attraverso la lingua è il modo migliore non solo di rendere uguale il diverso senza fargli violenza, ma anche di misurare la sua diversità, il suo conflitto, la sua resistenza. Senza regole, senza definizioni, senza un'integrazione regolata, si corre verso una società pericolosamente esposta al rischio di perdersi.

A ottobre del 2018, in Friuli, regione governata dalla Lega, pensarono bene di affrontare il problema dell'assegnazione delle case popolari agli immigrati, argomento esplosivo dal punto di vista della propaganda politica. Poiché non volevano che gli immigrati, pur avendone in teoria diritto, concorressero all'assegnazione delle case popolari, ecco che il presidente della Regione, Massimiliano Fedriga, stabilì che a queste persone, provenienti anche da Paesi in guerra, o comunque da luoghi in cui lo Stato quasi non esiste, venisse richiesto di produrre dei certificati originali per attestare la loro condizione reddituale, cioè l'assenza di case di proprietà. «Ci siamo inventati una cosa geniale» mi raccontava allora proprio Fedriga nella pausa di una trasmissione televisiva su La7: perché nessuna di queste persone riesce mai in realtà a ottenere i documenti richiesti. Ecco.

Qualche settimana dopo, il sindaco di Lodi, anche lui leghista, copiava la trovata friulana: da quel momento in poi, per avere diritto al servizio della mensa scolastica, le famiglie immigrate della città avrebbero dovuto procurarsi nei Paesi d'origine la documentazione sulla propria condizione reddituale. Anche nel Veneto governato dalla Lega, per ottenere il contributo regionale sull'acquisto di testi scolastici, i cittadini non comunitari devono presentare, oltre alla certificazione Isee, un documento che attesti il possesso di immobili o la percezione di redditi all'estero rilasciato dalle autorità del Paese di provenienza. «Il sindaco di Lodi vuole controllare che tutti quelli che devono paghino la mensa scolastica dei figli? FA BENE!!!» twittava l'allora vicepremier e ministro dell'Interno Salvini. Così facendo, si intestava ancora una vicenda che in tutta evidenza non riguarda il diritto (e il rispetto della legge uguale per tutti), ma piuttosto lo storto, cioè l'abuso, l'insensata e inutile discriminazione attraverso un cavillo: in sostanza l'idea che la questione epocale dell'immigrazione si possa risolvere creando ghetti e zone di esclusione, che, al contrario, sono il sistema perfetto per far esplodere le contraddizioni della convivenza interetnica. In pratica, proprio il ministro dell'Interno, cioè colui il quale dovrebbe difendere la tenuta unitaria del Paese contro tutte le cellule disgregative, tanto sociali quanto politiche, faceva esattamente l'opposto.

È impossibile non interrogarsi, dunque, sulle scelte politiche che sono state effettuate in tema di immigrazione. Un fenomeno che non si può frenare, contrariamente a quanto spesso si afferma evocando come soluzione il «blocco navale», ma che se non gestito presenta in prospettiva enormi rischi. Non tanto quello di una crescente islamizzazione della nostra società, sul versante politico e comportamentale, secondo quanto previsto dallo scrittore francese Michel Houellebecq, quanto una conflittualità civile sempre più intensa, come già avviene in Francia, in Belgio, in alcune zone della Germania e in generale all'interno degli Stati europei che accolgono grandi comunità di migranti.

Il problema è che i modelli fin qui adottati per accogliere gli immigrati all'interno degli Stati-nazione europei, fondati storicamente sul principio «un popolo, una tradizione, una lingua», probabilmente non hanno funzionato. La pacifica coesistenza delle culture e delle appartenenze etniche e religiose, predicata dai teorici del pluralismo culturale di sinistra, produce, nella migliore delle ipotesi, la separazione, o meglio la segregazione: una società che è la somma di comunità chiuse le quali non comunicano e non si mescolano, che faticano persino a riconoscersi nello stesso sistema di norme e che inevitabilmente finiscono per entrare in conflitto. Lo confermano vicende arcinote come quella di Saman Abbas, uccisa perché voleva vivere come una giovane italiana.

Le parole care alla sinistra, ovvero «dialogo», «incontro», «contaminazione», «apertura al prossimo», probabilmente servono soltanto a sentirsi a posto con la coscienza ed equivalgono a chiudere irresponsabilmente gli occhi dinanzi al disagio che sta montando nelle società europee a causa dell'immigrazione. Un disagio che spesso proviene proprio dalle classi sociali più povere e marginali.

È pertanto essenziale comprendere alcune verità: non è possibile accogliere tutti unicamente per spirito di carità, né accogliere coloro che nutrono evidente avversione per lo stile di vita altrui o rifiutano di tenerne conto. La democrazia ha il compito di preservare la libertà di ciascun individuo, ma non si può chiederle di sacrificare se stessa, arrivando a tollerare la sovversione sociale e la violenza. Nondimeno, la risposta non può essere nemmeno quella del populismo spacciato per destra, che si limita a giocare sulla paura e a invocare un'impossibile chiusura delle frontiere o, peggio, espulsioni di massa. Eppure è stato il populismo a infettare nel nostro Paese la politica e persino la terminologia comune in materia di immigrazione della destra. Il populista pensa che la politica si faccia «annusando», per approssimazioni ed esasperazioni. Il conservatore invece ha ben presente che nell'affresco dipinto da Ambrogio Lorenzetti a Siena tra il 1338 e il 1339 la Fortezza siede tra la Pace e la Prudenza, alla destra del Buongoverno. Il conservatore coltiva l'idea complessa delle regole e del senso delle istituzioni, dell'unità nazionale e dell'etica della responsabilità: è sicuro della sua forza, pensa di potere assimilare e offrire condizioni migliori di vita stipulando un patto civile e politico con il migrante, che in cambio «deve» diventare italiano. Il conservatore ha cioè in mente la via di una convivenza repubblicana intesa come condivisione di regole, doveri e diritti.

Esattamente l'opposto del populismo spacciato per destra che ha tenuto banco prima, rispetto alla cui gestione dell'immigrazione il presidente Sergio Mattarella si sentì in dovere di esprimere il suo esplicito dissenso attraverso una lettera inviata l'8 agosto 2019 ai presidenti delle Camere, in cui fu costretto a ricordare l'ovvio: l'obbligo di rispettare i trattati internazionali e il dovere del governo di sottolineare che salvare le vite umane non è soggetto a negoziati. «Ogni Stato» scrisse Mattarella «deve esigere che il comandante di una nave che batta la sua bandiera, nella misura in cui gli sia possibile adempiere senza mettere a repentaglio la nave, l'equipaggio e i passeggeri, presti soccorso a chiunque sia trovato in mare in condizione di pericolo.»

Ma davvero la destra può affidarsi a una politica dell'immigrazione fatta in questo modo? Senz'altro no.

E in Italia ancora non si pone il problema dell'islamizzazione: ma tra dieci o quindici anni? Ancora un po' di apartheid nelle mense scolastiche, di migranti esclusi dal diritto alla casa e al lavoro, e non saranno i nostri ospiti a diventare come noi, bensì noi a diventare come loro. Statene certi. Basta guardare la Francia e il Belgio. L'argomento dell'immigrazione si maneggia con cautela, senza ricorrere a sparate comiziali, a colpi di teatro razzisti, a paradossi. Ma neppure, ovviamente, con i falsi buonismi della sinistra. Sicurezza, serietà e responsabilità sono valori di destra. La migliore cura per i razzisti e per chi campa elettoralmente sulla paura sarebbe proprio una vera destra conservatrice.

E infatti in tutt'altra direzione sembrano andare i provvedimenti del nuovo governo di destra, presieduto da Giorgia Meloni.

Si pensi alla già citata mediazione con cui ha convinto il governo del socialdemocratico Scholz a mutare opinione riguardo al finanziamento delle Ong. O, ancora, al menzionato provvedimento per modificare la Bossi-Fini.

È il governo che, nonostante il discorso pubblico, collabora effettivamente con le organizzazioni non governative nel Mediterraneo per cercare di salvare vite umane. Collabora persino con quella Ong che ha portato il vicepremier Salvini a processo, ovvero Open Arms.

È inoltre il governo che, rifuggendo dall'appagante scorciatoia di trasformare gli sbarchi in un evento mediatico, evitando di costringere gli italiani a seguire la vicenda migratoria come un talk show quotidiano composto di fischi, lazzi, fetecchie e petardi, chiusure di porti, liberazione di migranti e denunce penali, ha avviato un complicatissimo piano di negoziato con la Tunisia, i cui risultati si vedranno, forse, nel tempo.

A tal proposito va sottolineato che la destra «cattivista», con la bava alla bocca, dalle parti del Movimento sociale, e poi anche in Alleanza nazionale, aveva dei fortissimi contestatori. E questo spiega forse tante delle novità introdotte da Meloni. A volersi limitare solo alla storia più recente, si potrebbe citare un articolo di Giano Accame, il più compianto degli intellettuali dell'ex Msi, che nel 1988, in polemica con la xenofobia, scriveva sul «Secolo d'Italia» di cui all'epoca era direttore: «Noi siamo per la preservazione gelosa di quel primato civile e morale della nazione italiana di cui i nostri avi andavano giobertianamente fieri. Persino nelle nostre tardive esperienze coloniali coltivammo verso gli stranieri degli atteggiamenti di apertura, di simpatia, di collaborazione, in aperta polemica con il colonialismo sfruttatore».

Non è dunque un caso se Meloni ha immaginato un'iniziativa economica, diplomatica e politica battezzata «Piano Mattei», un progetto di collaborazione e sviluppo legato al continente africano con l'obiettivo dichiarato di tutelare il «diritto a non emigrare» delle popolazioni di quel continente, secondo un «modello di cooperazione non sfruttatrice, in cui entrambi i partner devono essere in grado di crescere e migliorare», per dirlo con le parole della presidente del Consiglio. Solo il tempo potrà stabilire se si è trattato di una velleità, o se l'Italia è tornata ad avere maggiore consapevolezza del Mediterraneo e del Sud del mondo. Per il momento bisogna augurarsi che Meloni continui nella sua lenta strategia del ragno, fatta di crescenti relazioni e aperture, di continue stimolazioni, necessarie come il pane a un'Italia imbambolata e impaurita, cui però affiancare sempre più proposte concretamente politiche che l'elettorato possa recepire per poi giudicarle.

La scommessa, giunti a questo punto, non consiste nel fare un passo indietro, smentendo se stessi, ma nel farne due in avanti, dando ancora più corpo e sostanza alla battaglia politica, all'idea di una destra capace di espellere il virus populista come un calcolo renale. E l'immigrazione, a questo proposito, non è un passaggio secondario, perché si combina precisamente con l'obiettivo politico di quel «ritorno alla nazione» che fa parte del lessico elettorale della destra di Fratelli d'Italia, figlia di Alleanza nazionale, il partito che aprì il Msi non soltanto ai cattolici ma, seppur contraddittoriamente, anche alla cultura liberale, proponendosi come un fattore di modernizzazione della destra post-fascista.

«Ritorno alla nazione», dunque. Una nuova forma di patriottismo che non esclude gli immigrati. Ma assimila. Attorno ai concetti di Patria e Nazione. Forse soltanto la destra post-missina potrebbe riuscirci. Vecchia storia, quella dell'educazione. Durante i mondiali di calcio, le sezioni Msi venivano regolarmente svuotate dei tricolori, anche dai tifosi più distanti politicamente, perché si poteva trovare solo lì, non altrove. E così oggi: probabilmente solo Meloni sa manovrare la parola «patria», perché è l'unica a essere cresciuta nella serietà della parola. Diceva Ernest Renan, filosofo che rientra tra le letture per così dire obbligatorie delle sezioni politiche in cui Meloni ha mosso i primi passi, che la nazione è l'anima e il principio spirituale del popolo, e di conseguenza per essere italiani non è necessario nascere italiani, ma è sufficiente l'adesione a un patto civile e politico: la volontà di accettare le regole, la lingua, la storia, la cultura e il progetto nazionale.

Alexis de Tocqueville sosteneva che non esiste amor di patria più fecondo e durevole di quello che cresce con l'esercizio dei diritti. E allora una destra degna di questo nome dovrebbe riuscire a rovesciare il fatuo paradigma populista che illude il malumore dell'elettorato proponendo colpi di bacchetta magica e soluzioni facili come un'*Ave Maria*. Fili spinati, pattuglie di navi, respingimenti e rimpatri tutt'al più si possono sostenere all'opposizione, quando si è in straminoranza, non quando si è alla guida del Paese con il 30 per cento dei voti.

Un governo conservatore dovrebbe invece richiedere agli immigrati di fare una scelta: concedere loro la possibilità di ottenere la cittadinanza, ma al contempo far sì che si impegnino a diventare cittadini italiani non solo formalmente, ma anche culturalmente ed emotivamente, andando oltre la mera detenzione di un documento. La lingua, in particolare, assume un ruolo centrale in questo processo: l'italiano non è soltanto uno strumento neutrale di comunicazione, ma rappresenta la chiave per accedere in modo diretto ed efficace alla vita sociale e culturale della nazione, comprese le norme spesso informali che ne governano il funzionamento.

Non è sufficiente avere familiarità con la lingua o utilizzarla solo per rendere comprensibile un messaggio, ma è necessario acquisirne una totale padronanza. La cittadinanza e l'integrazione autentiche si costruiscono attraverso l'uso pienamente consapevole della lingua, ragione per la quale l'Italia stessa è diventata davvero una nazione soltanto quando, proprio per mezzo della lingua e della sua diffusione, grazie alla scuola (e più avanti alla televisione), è stato possibile che da Nord a Sud ci si esprimesse nello stesso idioma. Pertanto, l'impegno nell'apprendimento linguistico dovrebbe essere assunto da coloro che arrivano in Italia desiderosi di integrarsi nella struttura civile del Paese. È essenziale promuovere e sostenere questo sforzo a livello pubblico, superando le attuali limitazioni dei corsi di insegnamento dell'italiano destinati a migranti e stranieri, andando oltre le richieste basilari della normativa vigente.

La concessione della cittadinanza dovrebbe essere vista come un patto politico in cui i diritti sono correlati all'assunzione di doveri. Tale accordo implica un'assimilazione completa nella struttura civile nazionale in cambio dell'accettazione esplicita e responsabile dei valori e delle regole di vita. Questo approccio sarebbe un rimedio efficace contro gli eccessi del multiculturalismo e il futuro pericolo di enclave etnico-religiose che potrebbero minacciare la democrazia, situazione già verificatasi in altre nazioni. Può diventare italiano solo chi abbia dimostrato di essersi adeguatamente inserito nel nostro tessuto civile, conoscendone l'idioma, la storia e la cultura e avendo accettato con un giuramento di rispettarne la Costituzione e le leggi.

Non si tratta di spalancare le porte ai barbari. Non si tratta di cancellare l'identità italiana. Tutto il contrario: sarebbe il tentativo di affrontare una questione cruciale con un minimo di razionalità e lungimiranza.

Il conservatorismo, d'altra parte, in senso strettamente filosofico, si gioca soprattutto sul tema dell'umana libertà e dei suoi limiti, mentre in senso politico significa soprattutto realismo, da non confondere con il cinismo. Lo scopo della politica, per un conservatore, non è il conseguimento della perfezione, bensì la minimizzazione del male possibile.

Periferie fuori centro

È già tutto nel romanzo *Il Gattopardo*. Basterebbe rileggerlo: per l'esattezza, il passo in cui al piemontese Chevalley, affascinato dalla bellezza e dall'eleganza dei palazzi siciliani, il principe di Salina suggerisce di visitare i tuguri, le periferie degradate. È lì, gli fa capire il principe, che si gioca il futuro della nazione, a quei tempi appena nata. Oggi come allora, la fragilità italiana si riflette nel suo paesaggio, nel suo spazio e nelle sue città, soprattutto nelle periferie che rappresentano una delle sfide urbane e civili più importanti dei prossimi decenni. Le periferie saranno in grado di diventare parti integranti delle città? E perché nel bagaglio retorico del conservatorismo italiano, o se vogliamo della destra, la periferia non diventa il centro? Soprattutto: perché la periferia è stata spesso per la destra soltanto materia di propaganda securitaria? Il Piano nazionale di ripresa e resilienza, il famoso Pnrr, porta nelle zone periferiche finanziamenti pari a 2,8 miliardi di euro, e i progetti previsti sono ben 159. Una chance unica, come sottolineato da molti. Ma quanto questi considerevoli finanziamenti sono davvero orientati a ridurre le disparità tra le diverse aree di una città? E perché il ministero dell'Interno assume un ruolo centrale nella gestione di questi fondi, quasi si trattasse di una questione di ordine pubblico e non di urbanistica?

Ecco il problema che investe la destra italiana. A proposito delle periferie, specie dopo i numerosi fatti di cronaca – tra omicidi e altri episodi gravissimi verificatisi nel 2023 – che hanno evidenziato una volta di più il degrado, emerge infatti un dibattito quasi ottocentesco, che non tiene conto delle disfunzioni architettoniche delle città, ma contempla come uniche soluzioni per l'umanità emarginata che abita nelle periferie la repressione e la detenzione. Questa prospettiva etichetta le periferie come intrinsecamente delinquenti, considerandole irredimibili e destinate a essere inghiottite dalla buia voragine del carcere. Eppure, questo peana coralmente intonato, che in realtà unisce destra e sinistra nell'evocazione della muratura del corpo del reo e dell'emarginato dietro il perimetro dell'istituzione carceraria, è a mio parere l'antitesi dell'essenza più pura della cultura di destra.

Iniziamo col domandarci perché mai l'urbanistica, questa scienza che spiega e plasma il mondo, non esista affatto nel vocabolario della destra italiana. Chiediamoci perché Matteo Salvini, quando nel 2018 governava con Giuseppe Conte, accettò che il Senato, il 6 agosto 2018, approvasse un emendamento al Milleproroghe che prevedeva un rinvio dei fondi destinati al recupero, anzi al «rammendo» – come lo ha definito Renzo Piano – delle periferie italiane. Da un lato quella destra leghista rinviava le risorse che avrebbero consentito di ripensare le periferie, dall'altro proponeva soluzioni detentive per ogni genere di guasto affliggesse quelle zone del nostro Paese. È politica di destra, questa? Assolutamente no.

Il conservatore borghese non pensa che esista una palingenesi sociale che consiste nella repressione dell'individuo; al contrario, crede che il mondo sia sempre da cambiare, da migliorare: non si contenta mai, non si rassegna. Altro che carcere.

La questione delle periferie, in Italia, è enorme. Oltre che negletta. Riguarda circa quindici milioni di cittadini i quali convivono, in queste zone urbane, con circa 28.000 individui di etnia rom e 600.000 migranti. Come abbiamo visto, infatti, la faccenda riguarda anche l'immigrazione e l'integrazione degli uomini e delle donne che dal Sud del mondo sbarcano sulle nostre coste e decidono di stabilirsi in Italia. Tutte insieme, queste persone, migranti o cittadini che siano, vivono in edifici che – sono dati del Parlamento – nel 20 per cento dei casi risultano in condizioni precarie. Non solo. Nel 2019 la Commissione parlamentare di inchiesta sulle condizioni di sicurezza e sullo stato di degrado delle città e delle loro periferie ha stimato che siano circa 650.000 le famiglie in attesa di un alloggio pubblico. Famiglie che avrebbero diritto a una casa popolare, ma non se la vedono assegnata. Questa situazione è dovuta in parte alle circa 49.000 residenze popolari occupate illegalmente o finite sotto il controllo delle organizzazioni criminali e utilizzate come centri di spaccio e ricettazione. Zone che si trovano ai margini della società, abbandonate dallo Stato, e che nel corso degli anni sono state oggetto di discussione nei vari programmi di governo.

Hai voglia a proporre il carcere, se non sei in grado di far rispettare la legge liberando le case popolari per affidarle a chi ne ha diritto. Hai voglia a proporre il carcere, se non sei in grado di riqualificare dal punto di vista abitativo interi quartieri delle maggiori città italiane.

Il governo Meloni ha ripristinato la Commissione sulle periferie, che Lega e M5S avevano cancellato. Ed è stata un'ottima notizia. Ma le amministrazioni locali sono ancora sotto choc per il taglio di 13 miliardi, di cui 2,5 destinati a risanare le periferie più devastate e 3,3 alla rigenerazione urbana: migliaia di progetti previsti in origine dal Pnrr. Così, se da un lato il nuovo governo ha riacceso un faro sulle periferie italiane, dall'altro diversi indicatori ci dicono che in queste stesse aree si stanno accumulando segnali preoccupanti, specialmente dopo la pandemia, che ha causato il blocco di molte attività, a cui si è aggiunta una nuova fase di restrizioni dovute all'aumento dei prezzi, alle bollette più salate, alle rate dei mutui onerosi e al caro carburante. Insieme all'arrivo di un gran numero di migranti in prossimità delle frontiere. Soltanto la periferia di Napoli conta il 40 per cento di patrimonio edilizio in pessime condizioni, nonché il 14 per cento di famiglie in condizioni di disagio economico e il 25 per cento di ragazzi esclusi dal lavoro e dalla formazione. Può la destra nazionale non avere un'idea precisa di che cosa fare nelle periferie del nostro Paese? Può la destra nazionale lasciare che interi quartieri delle nostre città siano abbandonati nelle mani di organizzazioni criminali che dettano modi e tempi di vita alle persone che vi abitano? Può consentire la nascita di nuovi ghetti?

Il 31 agosto 2023 Giorgia Meloni ha visitato il Parco Verde di Caivano, periferia della periferia di Napoli, un sobborgo in cui ogni cosa comunica una grammatica di violenza e degrado. Costruita negli anni ottanta, l'area del Parco Verde è diventata in breve tempo preda della criminalità, trasformandosi in una succursale delle più note piazze di spaccio di Scampia e Secondigliano. Qui, nel 2022, erano stati scoperti dai carabinieri bunker per sfuggire agli arresti e per occultare armi o droga. Un mercato dell'eroina che il commissario di polizia, avvertendo i cronisti che ad agosto del 2023 precedevano di qualche giorno la presidente del Consiglio in visita, descriveva con ritmo algebrico: «Quattromila abitanti, 1260 pregiudicati». Al Parco Verde l'eterno disastro delle periferie si è incarnato e moltiplicato nel disagio dolente di una generazione di malacarne-bambini, abbandonati da tutti e pronti a tutto. L'idea di spaventarli con un Daspo urbano, come prevedeva nel 2017 l'inutile tentativo di Marco Minniti di arginare il fenomeno della microcriminalità, già allora aveva il sapore di una grida manzoniana. Salvini, ministro dell'Interno, col suo «più carcere per tutti» ha solo reiterato l'inutilità dell'urlo. Al Parco Verde, nel 2014, era stata uccisa Fortuna Loffredo, una bambina di sei anni gettata dall'ottavo piano della palazzina di cadaverico cemento nel quale viveva con la madre e il patrigno. Quando Meloni arriva al Parco Verde, in un caldissimo giorno d'estate, è stato appena scoperto e denunciato un altro orrore: per mesi, due cuginette di dieci e dodici anni erano state violentate da un gruppo di minorenni, tra cui alcuni figli dei boss delle piazze di spaccio locali.

È un mondo abbandonato e mal progettato, il Parco Verde. Non è più la Napoli di Croce, di Scarpetta, di Viviani, di De Filippo, di Di Giacomo, di Serao. Persino l'aria che si respira al Parco Verde – un nome che suona alquanto ironico, per un posto che di verde non ha proprio nulla – sa di polvere umida e d'altri innominabili residui ed essenze; sa di trascuratezza e di abbandono. Quanti Parco Verde, quanti quartieri dal nome gentile e promettente a cui la mala progettazione, l'incuria o l'ineducazione hanno tolto ogni credibilità nel giro di pochi anni esistono in Italia? Zone industriali in declino, città satelliti e dormitorio: mancanza di opportunità di lavoro e isolamento sociale, povertà, accesso limitato ai servizi, scarsi o nulli investimenti nelle infrastrutture, e di conseguenza criminalità. Ghetti pulviscolari che evocano le immagini dei famosi esperimenti condotti dall'etologo Konrad Lorenz. Questi esperimenti prevedevano l'uso di ampi recinti in cui venivano confinate le cavie, le quali, a causa della promiscuità e dell'ammassamento forzato, tendevano a manifestare tra loro comportamenti aggressivi.

Nel 2014, a Tor Sapienza, periferia della periferia di Roma, esplosero forme di ribellione violenta e razzista contro gruppi di giovani richiedenti asilo. Sempre lì, nel 2017, ci fu l'assalto a un centro della Croce Rossa che ospitava un presunto aggressore di ragazzini, con annesso tentativo di linciaggio. Nel 2019, a Torre Maura, ancora una volta a Roma, scoppiò una ribellione contro una ventina di famiglie rom ospitate in un centro d'accoglienza. E poi ancora una rivolta contro una famiglia rom legittima assegnataria di una casa popolare a Casal Bruciato.

Lo Stato non può rassegnarsi alla violenza dei penultimi contro gli ultimi. Deve saper garantire una vita decente a chi rispetta le regole. È la base della convivenza civile.

Quarto Oggiaro a Milano, Scampia e Parco Verde a Napoli, lo Zen a Palermo, Librino a Catania, Torre Maura, Torre Spaccata, Tor Bella Monaca, Casal Bruciato e Corviale a Roma... Una geografia nascosta dove le periferie non sono il posto in cui finisce il perimetro del centro, ma mondi in cui la distinzione tra bene e male collassa. Baraccopoli spesso sviluppatesi o pianificate negli anni sessanta e settanta, nate in un contesto in cui anonimi consiglieri comunali, persino in località remote d'Italia, per affidare i progetti di nuovi quartieri o di edifici si rivolgevano al partito di appartenenza. E quest'ultimo forniva i professionisti di riferimento per la loro realizzazione. Ecco l'urbanistica «illuminata» di sinistra. Quel mondo che si interessa al popolo come un membro dell'associazione in difesa degli animali può interessarsi agli animali: con intensità e distacco. Era il mito architettonico della città ideale, concentrata e collettivista, che tuttavia si è concretizzato in palazzoni e fiumi di cemento. Questi luoghi oggi rappresentano spazi in cui le persone vivono come se fossero stipate su scaffali. Progetti faraonici rivelatisi non-luoghi di tristezza e degrado, immaginati da gente che sembra amare il popolo come un'astrazione, mentre probabilmente lo detesta come insieme di persone vive, cioè rumorose, sudate e invadenti.

La nostra memoria è segnata da eventi tragici che si verificano in aree nate da scelte urbanistiche discutibili, spesso caratterizzate da saccheggi e disordini nella pianificazione del territorio. Il saccheggio spirituale è conseguente. A Scicli, un paese in provincia di Ragusa che rappresenta il trionfo del barocco e che è stato riconosciuto dall'Unesco patrimonio dell'umanità, negli anni sessanta si è verificato un singolare episodio. Nella piazza di questo gioiello, tra la cattedrale e un palazzo in stile liberty, è stata eretta una delle più sorprendenti aberrazioni architettoniche, risultato di una visione marcatamente marxista: la scuola Miccichè-Lipparini, ispirata allo stile di Oscar Niemeyer, il grandissimo architetto brasiliano che in Italia, tra le altre cose, realizzò a Segrate il palazzo della Mondadori, è stata costruita demolendo un antico collegio dei gesuiti.

Urbanistica, dunque. Non prigione. Ma quali interventi architettonici sarebbero necessari? Molti esperti, grandi stelle dell'architettura italiana, se lo sono chiesto. Io un'idea me la sono fatta: abbattere, ricostruire, riconnettere e rammendare. Altro che più carcere per tutti. «Lo stupro di Caivano è avvenuto in una piscina dismessa, perciò è l'abbandono a essere pericoloso. Perché fra l'altro trasmette l'idea che chi abita in quei posti non conti niente» diceva Mario Cucinella, uno dei più grandi architetti italiani, intervistato da Manuel Orazi sul «Foglio» a settembre del 2023. «Quella piscina» aggiungeva «andrebbe ristrutturata prima possibile; la cura dei luoghi è cura delle persone. Qualche demolizione si può fare, ma sempre se c'è un pensiero a medio-lungo termine e non solo immediato.»

Giorgia Meloni, a Caivano, ha usato il termine «bonificare». Accompagnata dal ministro dell'Interno, da quello dell'Istruzione e da quello dello Sport, si è rivolta a quella popolazione di dannati della terra dicendo che lo Stato ha fallito, che il governo d'ora in poi sarà presente e visibile. E quindi il centro sportivo Delphinia, ora discarica e teatro degli orrori, la piscina di cui parlava Cucinella, «sarà bonificato» dal Genio militare e darà lavoro ai residenti. Arriveranno venti insegnanti in più, ci sarà una maggiore presenza delle forze dell'ordine. E poi biblioteche e centri multimediali per ragazzi. Ma anche pene più severe per i genitori che non mandano i figli a scuola, ammesso che serva a qualcosa.

Al Parco Verde Meloni ha parlato di un «modello Caivano». C'era chi la applaudiva, certo. Ma c'era anche un senso diffuso di disincanto di fronte a questa premier che voleva simboleggiare, con la sua presenza, l'arrivo dello Stato, la sovranità popolare, il senso dello stare insieme dei cittadini. I residenti del Parco Verde avevano per lo più l'aria di chi non vede l'ora che se ne vadano tutti quei poliziotti, con i blindati, le sirene e i posti di blocco. Compresa la presidente del Consiglio. I soldi sono pochi e la sfiducia nelle istituzioni, come nel resto delle Caivano d'Italia, sfiora il ribellismo. E, al Sud in particolar modo, si mescola a una neghittosità tutta meridionale. Perché a Caivano scene come quelle di Meloni le hanno già viste tante volte. Dunque non ci credono più.

La ragione di queste presenze politiche è sempre stata chiaramente riconducibile alla spiegazione più semplice: le aree periferiche rappresentano un vasto serbatoio di voti dispersi. Nelle elezioni amministrative del 2021 a Tor Bella Monaca, a Torre Maura e a Torre Angela – tra le zone più svantaggiate della capitale – ha votato soltanto il 32 per cento degli aventi diritto. Con un ulteriore declino al 27 per cento nelle elezioni regionali del 2023. Nello stesso periodo, a Caivano, la partecipazione è scesa di 16 punti percentuali. La destra, dunque, non dovrebbe limitarsi a gesti simbolici, ma abbracciare con determinazione la sfida dei tempi e trasformare in realtà ciò che finora non è mai stato messo in pratica.

Nelle periferie segnate dal degrado, la città appare frammentata, priva degli spazi di socialità e della presenza di luoghi fondamentali che caratterizzano l'ambiente urbano, come parchi giochi, piste ciclabili, scuole con attrezzature accoglienti e accessibili, giardini e fontane. Un patrimonio di vivibilità, che forse richiederebbe un progetto architettonico di alto profilo e non solo programmi aggiuntivi di stato sociale, o più polizia o qualche regalia sotto forma di bonus, come ha fatto la sinistra. Il «pacchetto periferie», in questi anni, si è trasformato più in un'arma da campagna elettorale che in un punto cardine dell'agenda politica. E che ci sia da mietere consenso, sul tema delle periferie, è evidente dai sondaggi. Secondo una rilevazione di Euromedia Research del settembre 2023, circa un quarto degli italiani percepisce le periferie come zone disastrate, senza controllo e completamente in balia dei criminali. Gli interventi dello Stato si sono configurati come sporadici, frammentati e strettamente legati a competenze settoriali. Votati a un approccio che mira a realizzare opere facilmente attuabili nei cantieri, senza necessariamente valutare se siano in effetti utili o se invece contribuiscano ad allungare la lista dei luoghi abbandonati.

Ci vuole modernità. A una sinistra populista che ha sprecato i superbonus edilizi, che ha gettato l'enormità di 50 miliardi di euro all'anno per quattro anni in soldi pubblici (dal 2020 al 2024), ipotecando una cifra colossale per ristrutturare le abitazioni di chi i soldi li aveva già, la destra dovrebbe opporre il pragmatismo dell'azione. E, a ben vedere, molte cose basterebbe copiarle dai Paesi in cui già funzionano. Nei Paesi Bassi, per esempio, esiste una società incaricata dal governo nazionale che sviluppa soluzioni di miglioramento energetico per gli edifici destinati al mercato immobiliare. È legata a un progetto denominato Energiesprong. Ha iniziato con le case popolari e ora si occupa anche di uffici e centri di cura. Per le abitazioni, in particolare, la strategia consiste nell'utilizzare i costi della bolletta per reinvestirli in lavori sulla casa stessa, e migliorarne la vivibilità. C'è del genio. Questo significa che si avrà una casa migliore in termini di microclima interno ma anche di design, senza incidere sul costo della vita degli inquilini, sfruttando nuovi modelli di progettazione e cantierizzazione industrializzata. Straordinario. E l'Italia? Chissà.

Il dibattito si accende, per ragioni di cronaca, s'infiamma durante le campagne elettorali, per poi spegnersi. Fino alla prossima volta. Fino al prossimo orrore, all'ennesimo caso di violenza. Tuttavia solo il 10 per cento della popolazione italiana risiede nei centri storici delle città, mentre la parte restante vive in quartieri che si estendono verso le zone rurali. Questo dovrebbe far riflettere. Il nucleo storico di Roma, per esempio, quello racchiuso all'interno delle Mura aureliane, assieme alla parte urbana costruita tra il 1940 e il 1960 – ovvero Eur, Parioli, Prati, Trieste e Pinciano –, accoglie circa 350.000 abitanti. E ogni anno questa cifra si abbassa. Più di un milione di cittadini romani vive attualmente nelle zone periferiche storiche, sebbene tali aree non siano più considerate periferiche da diverso tempo, come nel caso dei quartieri Tuscolano, Prenestino e Tiburtino. Tuttavia, anche in queste zone si registra una diminuzione della popolazione. Allo stesso tempo, un milione e 200.000 persone risiedono nelle zone adiacenti al Grande raccordo anulare, sia all'interno sia, soprattutto, al di fuori del cerchio che in origine avrebbe dovuto circondare la capitale.

Il fatto è che nella periferia di Roma la popolazione sta aumentando a ritmi significativi, con un incremento del 40 per cento nei primi vent'anni del XXI secolo. Investire nell'urbanistica rappresenta dunque un impegno per l'integrazione sociale di milioni di persone. Tale investimento implica dedicarsi all'istruzione, assicurare l'accesso alla formazione professionale e, di conseguenza, sviluppare le risorse umane del Paese. Ciò contribuirebbe a rendere la forza lavoro più qualificata e competitiva. Valorizzare il potenziale demografico delle periferie può portare al raggiungimento di obiettivi di sviluppo a lungo termine. Può favorire una crescita economica più ampia e diffusa. Anche, forse moltissimo, nelle Caivano d'Italia.

Lo strapaese della destra: un prodotto della sinistra

Ci sono aspetti della retorica della destra italiana, tic antimoderni, che a ben vedere si rivelano – se non scimmiottature – quasi forme di sudditanza psicologica nei confronti dell'avversario ideologico. Veri cortocircuiti. Un esempio tra i tanti. A settembre del 2023 alla Mostra del cinema di Venezia, Pierfrancesco Favino, celebre attore, nel corso della presentazione di un film prende la parola e sostiene polemicamente che secondo lui i personaggi italiani sul grande schermo dovrebbero essere interpretati da attori italiani. «I Gucci avevano l'accento del New Jersey, non lo sapevate?» esordisce ironicamente riferendosi al film *House of Gucci* di Ridley Scott, oggetto di critiche per l'ampio impiego di stereotipi sul nostro Paese e per l'imitazione dell'accento italiano da parte degli attori che recitavano in lingua inglese. «C'è un tema di appropriazione culturale» insiste Favino. E aggiunge: «Non si capisce perché attori come Toni Servillo, Adriano Giannini o Valerio Mastandrea non siano coinvolti in questo genere di film». «Se un cubano non può fare un messicano, perché un americano può fare un italiano? Solo da noi accade» incalza.

«Enzo Ferrari in altre epoche lo avrebbe fatto Gassman, oggi invece lo fa Adam Driver e nessuno dice nulla. Mi sembra un atteggiamento di disprezzo nei confronti del sistema italiano» conclude. Dunque Adam Driver, l'attore di Hollywood, non può vestire i panni di Enzo Ferrari perché, appunto, non è italiano (e, se per questo, non è nemmeno di Modena, come Alberto Sordi non era veneziano benché nel 1958, nel film *Venezia, la luna e tu* di Dino Risi, interpretasse il gondoliere Bepi e dicesse a Marisa Allasio: «*Te piazo? Son degno di ti?*»).

Quel giorno il neoautarchico Favino ha così sturato (il verbo è dei più adeguati) un bel dibattito di quelli che si possono ascoltare nelle osterie sui lungarni o a Lugo di Romagna o vicino al mercato di Firenze, lì dove tante brave persone si danno convegno all'ora del bicchiere per fare quattro chiacchiere in amicizia. E infatti, poco dopo, gli risponde il presidente della commissione Cultura della Camera, Federico Mollicone, che è uomo di destra. Dunque, che fa Mollicone? Ovviamente elogia Favino e la sua battaglia «per combattere l'appropriazione culturale straniera». Si associa la sottosegretaria alla Cultura, la leghista Lucia Borgonzoni: «La polemica di Pierfrancesco Favino su Ferrari è giusta. Dobbiamo spingere i produttori a scegliere storie di italiani. Aumenteremo anche i contributi selettivi in questa direzione». E certamente, mentre parlano, Mollicone e Borgonzoni pensano di essere dei patrioti, quando in realtà, come spesso capita ad alcuni esponenti di destra, sembrano svelarci il paradosso: lo strapaese della destra è un prodotto della sinistra. Ahinoi. È infatti la sinistra, specie nel mondo anglosassone, a essersi abbandonata in questi anni alla deriva *woke* e proprio a quella denuncia dell'«appropriazione culturale» di cui parla Mollicone: un fenomeno individuato come una forma di violenza neocolonialista e razzista.

Il caso in questione è un po' diverso, certo. Mollicone non è un multiculturalista della sinistra liberal americana. È un romano di oltre cinquant'anni cresciuto nelle sezioni del Msi. Tuttavia Mollicone ama la patria. Ed è forse questo il problema. Nel nostro Paese non abbiamo una preghiera nazionale, ma se l'avessimo dovrebbe terminare con questo versetto: «Dio salvi l'Italia da coloro che la amano in modo particolare». Ecco.

Sarebbe quasi pleonastico ricordare che, quando l'Italia si dotò di una vera industria cinematografica, la sua straordinaria produzione era spesso affidata all'incrocio di capacità artistiche universali: i grandi registi italiani chiamavano a lavorare con sé attori da tutto il mondo. Era l'epoca in cui Carlo Ponti e Dino De Laurentiis affidavano le sceneggiature dei nostri scrittori, da Moravia a Soldati, alla regia degli americani, mentre i nostri grandi attori recitavano con i francesi e con i tedeschi. Nel *Sorpasso* Gassman sfrecciava a bordo della sua Lancia seduto accanto a Jean Louis-Trintignant. Ugo Tognazzi recitava con Philippe Noiret in *Amici miei* e con Michel Serrault nel *Vizietto*. Silvana Mangano era la moglie di Wagner in *Ludwig*, con Helmut Berger. Il ruolo del principe di Salina nel *Gattopardo* fu affidato da Luchino Visconti a Burt Lancaster, mentre Tancredi era interpretato da Alain Delon. Il grande cinema italiano era senza confini, insomma. E se oggi gli attori e i registi italiani nel cinema americano sono invece «confinati», ecco, ci sarà un motivo. Un motivo che non riguarda né la patria né l'appropriazione culturale, ma probabilmente la capacità artistica. Forse decaduta, chissà. Carmelo Bene a teatro faceva interpretare Salomè a un'attrice nera, Donyale Luna, e a nessuno mai sarebbe venuto in mente di sostenere, come Mollicone e Favino, che Anouk Aimée non potesse fare la moglie di Mastroianni nella *Dolce vita* perché era francese di Parigi e nemmeno parlava bene l'italiano (infatti la doppiavano).

Se dunque Adam Driver non è credibile nei panni di Enzo Ferrari, sarà il pubblico a condannarlo. Non Mollicone, né Favino, né una legge sul cinema autarchico. L'esterofilo e il nazionalista di basso rango in Italia sono come due gemelli siamesi, o meglio, due gemelli rozzi che, nonostante le divergenze nei loro oggetti di fanatismo (per l'uno è l'esotismo, per l'altro è la patria), sono perfettamente d'accordo per quanto riguarda la loro liturgia e il loro modo di adorare. Entrambi hanno radici nel provincialismo italiano, indipendentemente dal fatto che uno conduca a un complesso di inferiorità e l'altro a uno di superiorità. Ma il punto sostanziale, e anche paradossale, venendo a noi, è che questa forma di neonazionalismo cinematografico, con il ricorso all'espressione «appropriazione culturale», precipita sulla destra italiana direttamente dalla sinistra mondiale. Favino, e dunque anche Mollicone, hanno usato gli stessi argomenti di quel dibattito pubblico americano che da anni avvolge e travolge l'intera industria culturale statunitense. È un paradosso, sì, e assieme una nemesi. Uno ascolta Mollicone e ha l'impressione di sentire l'eco di quel fanatismo *woke*, cioè, come tutti i fanatismi, d'una forma particolarmente acuta di stupidità, che nei Paesi Bassi e in Spagna nel 2021, per esempio, travolse da sinistra i traduttori dei componimenti letterari della poetessa afroamericana Amanda Gorman: quegli esperti di letteratura, quei traduttori affermati e competenti, non potevano tradurre una poetessa nera perché erano bianchi. Ohibò. Negli ultimi anni la questione dell'appropriazione culturale, così incongrua sulla bocca della destra italiana, è diventata un tema di grande rilevanza nella discussione pubblica negli Stati Uniti. A sinistra, ovviamente.

Il primo a essere criticato nell'industria cinematografica è stato probabilmente Walt Disney, poiché i suoi film incentrati sulle gesta di eroi provenienti da culture «esotiche» spesso, secondo la critica liberal, hanno contribuito a promuovere stereotipi riguardanti culture diverse da quelle occidentali. Per esempio, a un certo punto, si è criticata con veemenza la rappresentazione dei nativi americani in *Peter Pan* del 1953. Vi ricordate i «bambini sperduti» dell'Isola che non c'è quando si travestono da indiani e mimano una danza rituale sciamanica? Non si può più fare. È «appropriazione culturale». Ma anche l'interpretazione romanzata del mondo precoloniale e del popolo Powhatan in *Pocahontas*, del 1995, non va più bene. Nonché, ovviamente, la rappresentazione stereotipata dei nativi polinesiani in *Oceania* del 2016. La discussione, spesso dai tratti violenti, settari e censori, ha riguardato anche la selezione degli attori per interpretare personaggi che appartenevano a minoranze linguistiche, razziali e sessuali. Da tempo la sinistra democratica statunitense, o almeno una parte di essa, ha sollevato infatti il dilemma se sia eticamente corretto che un attore cisgender, ovvero una persona la cui identità di genere corrisponde al genere e al sesso biologico con il quale è nato, interpreti un personaggio transessuale. Chissà se Jaye Davidson, protagonista del film di Neil Jordan *La moglie del soldato*, per il quale ricevette una nomination all'Oscar come miglior attore nel 1993, oggi avrebbe potuto interpretare senza incorrere nelle polemiche il ruolo di Dil, la fidanzata transgender di Forest Whitaker. Probabilmente no. Allo stesso modo, è sempre più frequente la critica rivolta agli attori di nazionalità e cultura diverse da quelle del personaggio che interpretano. Va così. Nel cinema, nel teatro, ma pure nella letteratura.

E dunque a marzo del 2021 la scrittrice olandese Marieke

Lucas Rijneveld, vincitrice del Man International Booker Prize 2020, dovette lasciare l'incarico di traduttrice di Amanda Gorman, perché lei è bianca mentre la poetessa americana è nera. Poco dopo anche Víctor Obiols, traduttore catalano di Oscar Wilde e William Shakespeare, fu rimosso per decisione della Viking Books, la casa editrice che pubblica i lavori dell'emergente letterata afroamericana. Dopo essere stato licenziato, Obiols dichiarò: «Se io non posso tradurre una poetessa solo perché è una donna, giovane, nera, non posso nemmeno tradurre Omero perché non sono greco, né Shakespeare perché non sono inglese o del XVI secolo».

E allora: è giusto che un attore americano «si appropri» di un personaggio realmente esistito in Italia? La domanda che in Spagna, nei Paesi Bassi e in America si pone la sinistra, in Italia se la pone la destra.

Qualcosa di simile capita anche al ministro dell'Agricoltura Francesco Lollobrigida, una vita in Alleanza nazionale e poi in Fratelli d'Italia, quando parla di cibo, di localismo e di dieta mediterranea. Di quelle cose che, insomma, sono le banalità dello «slow food» di Carlin Petrini, dell'altermondismo di Vandana Shiva e di tutto il lungo carrozzone della sinistra no global. Ad agosto del 2023, durante un incontro del Meeting di Rimini, il festival organizzato da Comunione e Liberazione, Lollobrigida va a parlare delle differenze tra le abitudini alimentari italiane e quelle statunitensi. Per il ministro, i modelli di educazione alimentare dei due Paesi sono molto diversi e nel corso del suo intervento definisce quello italiano «interclassista». «Da noi» spiega Lollobrigida «spesso i poveri mangiano meglio dei ricchi; cercando dal produttore l'acquisto a basso costo, spesso comprano qualità.» Ora, a questo proposito, ci sarebbe da ribattere. Tanto per cominciare, il «chilometro zero», oltre a essere di sinistra, è notoriamente un concetto alla moda e spesso costoso, preferito dalla classe sociale (progressista) benestante. Nei centri storici delle grandi città, in cui abita, il borghese progressista infatti incartoccia le sue preziose prelibatezze in sacchetti ecologici: pere col verme, insalate smozzicate, bitorzolute carote profumate. In particolare, però, l'abitante della Ztl che vota a sinistra impacchetta la sua coscienza di consumatore responsabile che contribuisce moralmente al sostentamento delle comunità agricole. E allo stesso tempo – sì, certo – mangia bene e sano. Sicché quando un uomo d'esperienza, un uomo di destra, come Lollobrigida, dice che sono i ceti meno abbienti a comprare dal produttore a basso costo nel vicino borgo natio, e dunque a «mangiare meglio», sta dicendo una cosa fattualmente sbagliata. Non solo. Quando sostiene che «l'educazione alimentare italiana è interclassista», ecco che viene fuori un cortocircuito pazzesco. E non tanto perché l'affermazione è falsa, appunto (i consumatori dalle tasche vuote vanno al discount, non al mercatino fighetto della Coldiretti), ma perché è la traslitterazione d'una banalità altrui. Una forma dunque, anche questa, di strana subalternità, non troppo diversa da quella di Mollicone nei confronti di Favino (e di Favino nei confronti dei liberal americani).

È come se la destra avesse introiettato, masticato, digerito e metabolizzato a modo suo lo scemenzario della sinistra. Strano ma vero. Dunque non solo la denuncia dell'appropriazione culturale, ma anche il banalismo del «povero ma buono», del «non industriale perciò sano», del «gustoso perché nostrano». Ecco allora l'idea surreale che esistano degli «ecosistemi originali» da difendere, persino attraverso l'attività legislativa, come se i peperoni della caponata non fossero arrivati in Europa solo nel XVI secolo assieme alla patata e al mais. Come se, quando siamo davanti a un piatto di spaghetti al pomodoro, non ci stessimo mangiando la Mezzaluna fertile, la Cina e le Ande. Gli ecosistemi originali, com'è noto – anzi com'è ovvio –, non esistono. Tra l'altro il pomodoro è anche il classico immigrato di successo: è americano, fu messo a coltivazione dai maya e fu a sua volta adottato dagli aztechi che lo coltivarono nelle regioni meridionali del Messico. A noi è arrivato dopo la conquista dell'America da parte degli spagnoli. Tutto si muove e tutto cambia, tutto si mescola. Al punto che quando pensiamo di mangiare catanese stiamo in realtà mangiando maya, ed è per questo che conviene sempre leggere Tzvetan Todorov e Jared Diamond che ci hanno spiegato non tanto l'incontro-scontro fra le civiltà, ma l'impatto che la scoperta dell'altro ha avuto sulla società occidentale.

Ma ciò che ci interessa qui, soprattutto, è capire come abbia fatto Petrini a entrare nella testa di Lollobrigida non meno di quanto Amanda Gorman sia entrata nella testa di Mollicone. Sembra che ancora una volta la nemesi abbia compiuto un lavoro limpido e asciutto. Per trent'anni circa, da Seattle a Porto Alegre, la sinistra no global ha marciato tra libri, film e manifestazioni di piazza diffondendo come polvere di stelle un pensiero che si è finalmente incarnato, sì, ma nella destra.

Ci ricordiamo di José Bové, il leader degli antiglobal francesi nei primi anni Duemila, il contadino verde e baffuto, famoso difensore del formaggio roquefort e noto incendiatore di ristoranti McDonald's. Li abbiamo sfogliati i libri del filosofo Serge Latouche. Sappiamo che, in questo pianeta di naufraghi, solo la decrescita e il localismo possono salvarci e renderci felici. Abbiamo letto anche che, per ottenere questo strabiliante risultato, si devono però produrre arance (ma senza pesticidi), si devono allevare mandriate di oche muschiate della Val Pennona, è necessario che si tirino a bordo (ma di barche a remi) belle retate di alici mediterranee, ed è ovviamente condizione fondamentale che si imbottiglino ettolitri di vino biodinamico privo di solfiti. E così il contadino-allevatore si fa pagare un buon prezzo, compra le alici dal pescatore che intanto compra le arance (ma senza pesticidi) e si fa illuminare e riscaldare la capanna con l'energia solare ed eolica.

Sono idee che conosciamo benissimo da decenni. Così come sappiamo benissimo che ogni piatto, ogni prodotto, ha una storia di preparazione «slow», che si perde nella notte dei tempi, sin da quando l'antico grano venne portato in salvo (Mosè, com'è noto, portò giù dal monte Sinai le dieci tavole di Dio Padre e il lievito Madre). Ecco, se tutto questo noi lo abbiamo letto e sentito infinite volte, e dunque in nessun modo ci sorprende, mai avremmo immaginato però che la filosofia della decrescita felice sarebbe diventata patrimonio della destra. Non è forse modernizzazione, la destra? Non sempre, a quanto pare. E questo malgrado, qui da noi, la destra abbia promosso persino manifestazioni celebrative del Futurismo, cui il ministro della Cultura, Gennaro Sangiuliano, ha talvolta fatto riferimento come ideale d'ispirazione del nuovo corso conservatore.

Effettivamente, non tutti sono a conoscenza del fatto che Slow Food, proprio come il Futurismo, ha avuto origine intorno a un manifesto. Nel caso di Slow Food, si tratta del libro di Carlo Petrini intitolato *Buono, pulito e giusto*. Solo che il manifesto futurista celebrava la velocità, la modernità e l'industria, mentre il manifesto di Slow Food esalta la lentezza, le tradizioni e la ruralità. Questa contrapposizione riflette una diversa visione del rapporto tra l'uomo e il progresso. I futuristi promuovevano una visione del futuro che abbracciava l'innovazione, la velocità e la tecnologia. Celebravano i progressi del loro tempo – come l'automobile, l'aeroplano e il telegrafo senza fili –, vedendovi l'espressione del dinamismo e della potenza della modernità. Il contrario dell'ideologia Slow Food, che tuttavia si è addirittura incongruamente materializzata, a un certo punto del 2023, in una proposta di legge del governo Meloni che mette al bando la cosiddetta «carne sintetica». Questo provvedimento ha allineato perfettamente la destra alla sinistra, sul piano ideologico e sul piano concreto, fattuale, per così dire. La scelta di vietare la carne coltivata era infatti l'esito d'una campagna politica lanciata un anno prima dalla Coldiretti, che è una diretta filiazione dello slowfuddismo. Una campagna che aveva ottenuto il sostegno di tutte le forze politiche. Tutte.

A luglio del 2022, in campagna elettorale, le proposte della Coldiretti – tra cui appunto il «no al cibo sintetico» – erano state accolte dall'allora segretario del Pd Enrico Letta e da Giuseppe Conte, il leader dei 5 Stelle. La petizione della Coldiretti aveva raccolto mezzo milione di firme. E ancora prima del governo di destra avevano approvato identiche mozioni contro la carne sintetica anche i consigli regionali di Toscana e Campania, amministrate dalla sinistra. Il presidente dell'Emilia-Romagna, Stefano Bonaccini, esponente del Pd, per esempio, si esprimeva all'incirca come il ministro Lollobrigida quando parlava di cibo e di filiera agroalimentare. Secondo tutti loro, infatti, la carne coltivata – che, attenzione, in pratica ancora nemmeno esiste – avrebbe stravolto i costumi italiani, l'insieme delle abitudini e dei comportamenti a cui il nostro popolo obbedisce senza che alcuna legge li abbia stabiliti. Dunque lo si è vietato. Per un'Italia forse più felice, chissà, ma certamente più povera, più rurale e più arretrata. L'industria alimentare italiana adesso deve stare alla larga da un settore il cui fatturato prospettico è stimato in miliardi. In un Paese, il nostro, che tra l'altro ha una qualità di scienziati nel campo – non solo della ricerca, ma anche dell'applicazione in clinica delle innovazioni – tra i primi al mondo.

Fare ricerca, innovare, avere laboratori all'avanguardia e lanciare nuove imprese non implica dover rinunciare alla tartare di fassona per mangiare carne coltivata. Tanto più che il 50 per cento del fabbisogno alimentare dei carnivori italiani viene soddisfatto da carni di importazione, e dunque questa storia della «fassona», della carne italiana e nostrana, è una retorica assai sciocca e lontana dalla realtà dei fatti.

Fare ricerca, innovare, lanciare imprese anche nel campo della carne coltivata significa sviluppare competenze e business, non impedire a qualcuno di mangiare la chianina: insomma, significa stare nel mondo.

Il vero conservatore sa che a problemi nuovi occorre fornire risposte nuove, ispirate a principi permanenti. Nel discorso d'insediamento alla Camera, Giorgia Meloni disse che chi vuole fare impresa «va sostenuto e agevolato, non vessato e guardato con sospetto. Il nostro motto sarà: non disturbare chi vuole fare». Era un discorso perfetto, da destra conservatrice e modernista. Ma in questo caso il suo governo ha poi fatto il contrario: con un editto proibizionista ha dato l'ennesimo colpo all'art. 41, il più bistrattato della Costituzione. Quello che dice: «L'iniziativa economica privata è libera». Ed eccoci al punto, ancora una volta. Se la destra si mette a fare la sinistra, sono guai. Pane, destra e nostalgia? Sì e no, perché la retorica delle radici, del cibo dei nonni meglio del nostro, non è patrimonio del conservatorismo. L'intramontabile bisogno di passato, o «quel gusto un po' amaro di cose perdute» (per citare la pubblicità di un noto amaro), assieme alla sfiducia nella liberaldemocrazia, all'idealismo, all'amore per il parlare oscuro, al terrore della modernità e a una straripante ossessione per la «purezza» nel nostro Paese hanno una storia politica equamente divisa tra Pci e una parte del Movimento sociale, entrambi immacolati e «diversi» perché non toccati dall'immonda corruzione del potere.

A marzo del 2023 il ministro dell'Agricoltura Lollobrigida avanzò, per chi lo ricorda, anche la proposta di una specie di task force di assaggiatori in giro per il globo, impegnati a controllare i ristoranti italiani all'estero. Ebbene, questa stessa idea era stata lanciata pochi anni prima da Teresa Bellanova, ministra dell'Agricoltura ai tempi del governo Conte II. Ed è un collier che di perla in perla risale la corrente della storia e del tempo fino a Pier Paolo Pasolini e all'immagine di quella identità rurale italiana travolta dal consumismo cattivo. Lo stupidario della sinistra che torna continuamente a fare capolino... a destra. Anche perché, semmai, era il mondo contadino a essere violento. Basterebbe aver letto Carlo Levi e Ignazio Silone, tanto per cominciare, *Cristo si è fermato a Eboli* e *Fontamara*. I nostri nonni mangiavano peggio di noi, per quantità e qualità. Inoltre, l'idea che un'economia come la nostra possa campare con il pecorino pepato di Ragusa ci fa male: l'Italia non è un Paese ricco e industrializzato perché fa il pecorino pepato di Ragusa, ma fa il pecorino pepato di Ragusa perché è ricco e industrializzato. Una società evoluta, prospera e tecnologicamente sviluppata riesce a trasformare in un'eccellenza e in una risorsa economica anche un prodotto antico, povero e di nicchia. Senza industria e senza tecnologia, il pecorino se lo mangiano solo i pastori. E non è certo colpa del localismo, ovvio, ma il principio del «piccolo è bello» ha contribuito a plasmare il contesto attuale in cui l'Italia è composta prevalentemente da imprese nel settore agroalimentare che impiegano meno di 250 addetti. Questo è evidente considerando che in Italia ci sono solo 112 imprese che superano tale soglia, rispetto alle 261 della Francia e alle 544 della Germania. Il che si traduce in un fatturato medio per impresa di 5.110.000 euro in Germania, 3.366.000 in Spagna, 2.654.000 in Francia e solo 2.042.000 in Italia. Anche a questo conduce la retorica. Quella, per esempio, della «guerra santa delle parole» che si collega alla vertigine di Lollobrigida. Come quando la Lega, sempre nel 2023, ha proposto un disegno di legge per vietare l'utilizzo dell'espressione «hamburger vegetale». Le società che li producono (un mercato in espansione) protestano e chiedono: «Ma come dovremmo chiamarli: bottoni vegetali?». Ci sarebbe da ridere, se non ci fosse invece da piangere. Il mercato delle proteine vegetali va che è una meraviglia. L'Italia è al terzo posto in Europa per vendita al dettaglio di questi prodotti. Gli acquisti sono aumentati del 40 per cento tra il 2020 e il 2022. I report confermano che gli italiani, più del 75 per cento, non sono tonti. Sanno di cosa si parla e l'intera produzione vale 680,9 milioni di euro.

Insomma, sono forse battaglie di destra queste che puntano alla desertificazione di interi settori economici? Rimpicciolirsi, decrescere, rifiutare la modernità e le occasioni di sviluppo è una politica conservatrice?

Intanto l'ultimo report Istat del 2023 parla di calo della produzione agricola nel nostro Paese, il cui valore in euro è 74,7 miliardi, avendo registrato nel 2022 una flessione dello 0,8 per cento. Hanno pesato le condizioni climatiche, che la ricerca scientifica prova a contrastare. Per fare un esempio, l'Italia, che è un'eccellenza del grano duro, viene ormai superata dalla Francia. Grazie alla ricerca, i francesi seminano colture che resistono al clima. Noi invece pensiamo di abolire pure gli Ogm. Il paradosso è che gli agricoltori italiani preferiscono coltivare il grano duro francese. Lo importano e pagano pure i dazi per averlo. Assurdo, no? E naturalmente la colpa non è di Lollobrigida, ci mancherebbe, ma un po' è di tutti coloro che hanno contribuito a imporre nella politica del nostro Paese una dottrina targata Coldiretti-Slow Food, che ha fatto della bottega del contadino un punto di arrivo e non solo una base di partenza per l'industria del cibo italiana. E questo, per tornare a ciò da cui ha preso avvio il nostro discorso, ovvero a Favino e alla proposta di restituire il cinema italiano agli italiani, ecco, tutto questo non solo produce nanismo economico e regresso sociale. Insomma, non è soltanto un errore e una forma grave di miopia ideologica. Soprattutto è una tara di sinistra che ritorna a punirci non già nella forma di severi editoriali su «Rinascita» o sull'«Unità», ma nella forma di travolgenti supercazzole di cui sono piene le nostre aule universitarie, i dipartimenti di Agronomia e quelli di Filosofia, animati da funamboli del birignao accademico più oscuro e irrazionale, antimoderni, anticapitalisti, marxisti-trascendentali, contro le merci, l'inglese, il «mercato», gran sacerdoti del cazzeggio metafisico e del «pensare altrimenti». E non si capisce fino in fondo come tutto ciò possa avere contaminato una destra che, almeno nelle intenzioni, vorrebbe essere moderna, pragmatica, patriottica e liberale.

Roma la putrida

È impossibile immaginare che il rilancio di Roma non diventi un argomento qualificante della destra. Roma è l'Italia e l'Italia è Roma, e il suo stato di salute, la sua presentabilità riguardano direttamente il prestigio e il decoro dello Stato, l'immagine del nostro Paese nel mondo, il suo orgoglio e la sua identità culturale, politica ed economica. Il suo status.

È evidente che investire nella manutenzione e nel decoro di Roma sia un fatto cruciale per la nazione nel suo complesso. In sostanza, quando si elegge un sindaco di Roma, a questa persona e alla sua giunta si affida niente meno che l'immagine stessa del nostro Paese. Le si affida la presidenza della Repubblica e il Parlamento. Palazzo Chigi e il Senato. Persino il ministero degli Esteri. Non dovrebbe allora come minimo essere eletto da tutti gli italiani, il sindaco di Roma? E dunque, non dovrebbe essere il governo nazionale, espressione democratica della volontà di tutti i cittadini elettori, ad amministrare la capitale? Detto questo, com'è possibile che la destra non abbia un'idea in proposito?

L'Italia è un Paese in cui, nel tempo e anche per ragioni

politiche – compreso il successo elettorale della Lega Nord –, si è imposto ed è stato estensivamente applicato il cosiddetto principio di sussidiarietà, secondo il quale le decisioni devono essere sempre e preferibilmente prese al livello territoriale di governo più vicino ai cittadini, in modo da coinvolgere direttamente le comunità locali. Un principio fatto proprio, nel nostro Paese, dalla sinistra, che ha addirittura modificato la Costituzione per inserirvelo, e che ha promosso l'autonomia amministrativa, com'è noto, inclusa quella delle città, tra cui ovviamente Roma.

Osservare quanto avviene in alcuni tra i principali Paesi democratici del mondo, quelli a cui storicamente ci siamo sempre ispirati, dovrebbe a questo proposito far riflettere. In Germania, per esempio, il governo centrale ha una presenza diretta in alcuni quartieri della capitale, Berlino, attraverso le cosiddette «Zone di governo federale» o *Bundesbereiche*. Questo modello di governo diretto dei quartieri da parte dello Stato rende l'idea dell'importanza di Berlino come capitale federale, nonché del desiderio di garantire un controllo particolareggiato su questioni di interesse nazionale. Anche Washington è un esempio classico di capitale gestita direttamente dallo Stato centrale. È infatti il Congresso degli Stati Uniti ad avere autorità sulla legislazione e sull'amministrazione della città. Parigi ha, a sua volta, qualcosa di simile: è dotata di una complessa struttura amministrativa in cui alcune zone sono governate direttamente dallo Stato centrale, a causa della presenza di importanti istituzioni governative e siti culturali di rilevanza nazionale, mentre la maggior parte della capitale è amministrata a livello locale attraverso i suoi *arrondissement*, ciascuno con un suo grado di autonomia. E Roma?

A ottobre del 2022, a governo di destra non ancora insediato, il presidente leghista della Regione Veneto Luca Zaia volle immediatamente ricordare allo schieramento di centrodestra come la sua regione attendesse l'attuazione del regionalismo differenziato previsto dal terzo comma dell'articolo 116 della Costituzione e su cui in Veneto, e non solo in Veneto, si era tenuto nel 2017 uno specifico referendum. Nei mesi successivi le richieste federaliste della Lega si sono fatte sempre più pressanti nei confronti di Palazzo Chigi e della presidente del Consiglio Giorgia Meloni. Ma paradossalmente, se al Nord reclamano la realizzazione della differenziazione funzionale, amministrativa e gestionale, la città di Roma attende persino l'applicazione del suo status di Capitale d'Italia, riconosciuto come tale nel 2001 nella complessiva revisione del Titolo V della Costituzione, ma poi rimasto prevalentemente inattuato, tranne che per alcuni piccoli dettagli.

Non vorremmo passare per menagrami, o foschi pessimisti, ma è l'osservazione dei fatti e degli equilibri politici nel centrodestra a farcelo pensare: la spinta federalista di questa destra del nativismo settentrionale, la Lega mal riverniciata di nazionalismo, fa ritenere che la questione Roma resterà irrisolta. O meglio, che sia forse irrisolvibile per l'altra destra, quella nazionale di Fratelli d'Italia, quella che non ha scoperto ieri la parola «patria» e non voleva appendere il tricolore nel gabinetto. Ma chissà.

A partire dal dopoguerra, la Capitale «non capitale» ha subito una sorta di silente ma feroce «Romafobia», originata dalla caduta del fascismo. Il trauma vissuto con la dittatura spinse i costituenti a guardare con ritrosia all'idea di costituzionalizzare la natura di Roma quale città capitale della nazione. Questa Romafobia è proseguita poi con l'imporsi del leghismo. Ci è voluta la riforma costituzionale del 2001 per riconoscere che la capitale della Repubblica è proprio Roma. Sicché la vicenda che ne racconta il declino quale città-simbolo della nazione descrive, nel corso dei decenni, una progressiva e inesorabile spoliazione della sua funzione di capitale. Una spoliazione generata da diversi fattori tra loro cospiranti, probabilmente (non ultimo la mediocrità della politica), e da un'attrazione ascendente verso Milano, che ha visto ripetuti tentativi, in alcuni casi riusciti, di rilocazione di plessi finanziari, sedi amministrative e società. Una sequela torrenziale di sgangherate leggi-provvedimento negli anni cinquanta e sessanta trasferirono fondi ingenti a Roma, sì, ma in un quadro estemporaneo, privo di una visione globale e soprattutto in assenza di una complessiva *governance* degna di una capitale. E dunque oggi c'è ben poco da stupirsi se la città affonda nella sua impudica immondizia, metaforica e letterale.

Ma se Roma fa schifo, allora fa schifo anche Palazzo Chigi, che è la sede del nostro governo. Se Roma è piena di monnezza, allora è pieno di monnezza anche il nostro Parlamento. E se Roma puzza di putrido, allora, purtroppo, puzza di putrido anche il Quirinale, che è simbolo della Repubblica non meno della città che lo ospita. Non c'è bisogno di un trattato di diritto costituzionale per spiegarlo. Capitale decadente, nazione decaduta. Il default dell'una precede e determina quello dell'altra. È mai concepibile che la destra nazionale e patriottica non abbia presentato una proposta per la Capitale d'Italia che vada oltre la mera retorica e le tattiche elettorali occasionali? L'argomento è centrale. Se la palma di Sciascia saliva verso nord, a Roma non da oggi è giunto il babà avariato, qualche mozzarella di bufala malcreata, una sorta di napoletaneria deteriore, una meridionalizzazione ma mostrificata. Il caos e il degrado come norma di un ordine indecifrabile.

Le circa mille tonnellate di monnezza che durante l'estate fermentano per le strade della Capitale d'Italia, con 40 gradi all'ombra, non le si può nemmeno raccogliere perché gli impianti di trattamento in pratica non esistono più. Sono andati a fuoco. Forse mai come in questi ultimi anni la grandezza che tramonta aveva avuto a Roma il sapore del ratto, il pelo del cinghiale, il grido del gabbiano, l'afrore della putrefazione e la puzza di bruciato che raggiunge pure piazza di Spagna. Nemmeno con Virginia Raggi, la sindaca grillina, quella che diceva «signori, il vento sta cambiando». Perché ogni sindaco di Roma in carica è il peggiore. E fa rimpiangere il precedente.

Roma non è una città per sindaci, questo è il fatto. È un'emergenza nazionale ben più del gas, dell'elettricità e del petrolio. Peggio di un terremoto. Perché Roma è l'Italia. Tutto, d'altra parte, è in emergenza a Roma: dai trasporti pubblici alla nettezza urbana, dalle strade ai parchi. Il governo di turno, che sia di sinistra, di destra o tecnico, se la cava sempre promettendo poteri speciali al sindaco di turno.

Non so se voi, cari lettori, avete mai preso un mezzo pubblico a Roma, o anche soltanto la metropolitana. C'è un racconto di Asimov nel quale si scopre che le barzellette sono un esperimento alieno in corso da migliaia di anni: raccolti tutti i dati, gli alieni si ritirano e le barzellette non fanno più ridere. Ecco. Gli autobus e le metropolitane di Roma non fanno ridere bensì piangere, tuttavia non è del tutto da scartare l'ipotesi che siano anch'essi un esperimento alieno che riguarda la percezione umana dello spazio e del tempo. Mettiamo di ritrovarci sulla linea B, fermata Cavour, a un passo dalla stazione Termini. Ecco il pannello che annuncia il prossimo convoglio: «Treno in arrivo tra 5 minuti». Passano 4 minuti sul nostro orologio, ma sul tabellone è passato un solo minuto: «Treno in arrivo tra 4 minuti». Sicché nella metro di Roma, alla fine, 5 minuti ne durano 20. E il treno passa con la stessa frequenza del Frecciarossa per Milano. Se Einstein fosse vissuto abbastanza da visitare la Roma contemporanea, ne sarebbe stato galvanizzato: lo spazio e il tempo non soltanto rappresentano un unico continuum quadridimensionale, ma sono pure senza dubbio «relativi». D'altra parte, per averne la riprova, basta salire sull'altra linea della metropolitana, la A, quando al mattino annuncia «prossima fermata Subaugusta» mentre in realtà sei a piazza Barberini. In pieno centro. Quel sobbalzo, quegli sguardi di panico tra i passeggeri sono la reazione gretta di chi non si rende conto di quale privilegio sia poter contribuire al progresso della fisica quantistica: lo spazio-tempo si piega, si flette. Siamo dunque grati al sindaco. Tuttavia, se egli è un alieno come nel racconto di Asimov, vorremmo anche sapere quando pensa di prendere l'astronave e di ritirarsi su Marte. Ma basterebbe? Forse no, a parte gli scherzi.

Circa settecento metri separano la stazione Termini dal Viminale. Ci sono circa settecento metri, dunque, tra il luogo dove la sera del 31 dicembre 2022 il senzatetto polacco Aleksander Mateusz Chomiak accoltellò una giovane turista israeliana riuscendo a dileguarsi senza essere fermato, e l'ufficio dell'attuale titolare del ministero dell'Interno Matteo Piantedosi, che è un ministro voluto dalla Lega. Seicentoquaranta metri separano invece la Camera dei deputati dall'angolo di strada in cui il 21 dicembre 2022 una giovane romana è stata punta alla schiena con una siringa da uno sbandato mentre metteva la catena alle ruote della sua bicicletta. E ci vogliono infine appena dieci minuti per raggiungere il Quirinale, la casa del presidente della Repubblica, dal lurido marciapiede in cui la notte del 14 maggio 2022 una donna di trent'anni fu brutalmente percossa e violentata da un venticinquenne del Senegal. Non c'è angolo della Roma più brutta, più sporca e più cattiva, la capitale degli otto omicidi in quaranta giorni nel 2022, dei 244 casi di stupro, la città delle baraccopoli sul lungotevere, quella che detiene il record di 121 morti stradali perché nessuno controlla i limiti di velocità così come non raccoglie l'immondizia, non c'è insomma teatro dell'orrore romano che non sia in continuità con i simboli dello Stato nazionale, con il Parlamento, con Palazzo Chigi, con la presidenza della Repubblica, con il ministero dell'Interno e con le sedi dei partiti che punteggiano il centro storico. Eppure nessuno sembra ritenersi responsabile, nemmeno esteticamente, della condizione penosa in cui Roma è stata ridotta anche da una sequela di inqualificabili amministrazioni comunali che hanno individuato nel caos, nell'insicurezza e nel degrado la norma di un ordine ormai indecifrabile.

È mai possibile che la destra nazionale, i cui dirigenti peraltro sono quasi tutti romani, non abbia manifestato un'idea per la Capitale d'Italia che non sia esclusivamente retorica ed episodicamente elettoralistica? Un'idea che non sia un disegno di legge pasticciato sulla devoluzione dei poteri? Ed è possibile che la destra nazionale non sappia rispondere ai mai sopiti istinti settentrionalisti di una Lega che si è adesso riverniciata di stinto patriottismo? Non si vuole qui nemmeno sollevare la questione della classe dirigente che la destra propone (anzi propina) a livello locale, in comune. Alle ultime elezioni, nel 2021, a Roma fu scovato un improbabile candidato sindaco che s'era descritto così: «Mi ispiro all'imperatore Augusto. Quello che disse di voler essere tribuno della plebe a vita». Ovviamente perse. Si chiamava Enrico Michetti, era stato presentato dalla destra come Mr. Wolf, quello competente che risolve i problemi, ma a un certo punto s'era pure scoperto che il candidato non conosceva il suo stesso programma di governo. Gli chiedevano del futuro di Roma, e rispondeva parlando dell'Impero romano (la monnezza che riempiva le strade forse arrivava dalle Gallie). Gli chiedevano della pubblica amministrazione, e diceva che «la pubblica amministrazione è come la *Pietà* di Michelangelo». Neanche Corrado Guzzanti ai tempi dell'*Ottavo nano*. Ma non intendo qui contestare le persone, le scelte, le candidature, né tantomeno ripercorrere il periodo in cui la destra governò assai male Roma con Alemanno. Benché, a dire il vero, un elettore o un potenziale elettore della destra avrebbe qualche pretesa di miglioramento nell'offerta della classe dirigente. Il punto è un altro: è il paradosso di una destra nazionale che ancora non ha un'idea della Capitale della nazione in generale, né di Roma come città in particolare. E invece pretenderei dalla destra che si smentisca l'ironico pessimismo di Ennio Flaiano, quando diceva che «di tutte le dominazioni subite dall'Italia, la peggiore è stata quella degli italiani».

Bisognerebbe cominciare con l'ammettere, appunto, che Roma non è una città per sindaci. D'altra parte non esiste nessuna capitale al mondo che sia gestita come una città normale. Ed è ovvio. Lo sapevano i piemontesi, che arrivati nella città papalina ne modificarono persino l'urbanistica. Lo sapevano bene i fascisti, che negli anni trenta trasformarono Roma in una città governata dal Consiglio dei ministri e la diedero in amministrazione a Giuseppe Bottai, uno degli uomini più intelligenti del Ventennio. Era ministro dell'Educazione e contemporaneamente governatore di Roma, perché si riconosceva l'esistenza di un interesse nazionale nella gestione di un'entità locale. E invece oggi ogni cosa svillaneggia la più bella città del mondo, che è anche il cuore dell'Italia, mentre le immagini di Roma fanno il giro del pianeta e sono il biglietto da visita della nazione.

Giorgia Meloni conta di rilanciare il Paese con il Pnrr, come Mario Draghi prima di lei. Il presidente della Repubblica esprime ottimismo. Ma come fanno, tutti loro, se non si occupano del posto in cui esercitano la loro altissima funzione?

Roma puzza di bruciato. Poiché le sterpaglie non vengono mai tagliate, ormai da quasi quindici anni, nemmeno nei parchi pubblici. Il falò dell'abbandono amministrativo e del degrado urbano. I bilanci in rosso e la decadenza generale, dal manto stradale che uccide i motociclisti sino agli autobus che saltano le corse perché i mezzi sono troppo vecchi e cascano a pezzi. A questo proposito andrebbe indagato, forse da un sociologo, proprio l'imperscrutabile andamento degli autobus: passano, non passano, arrivano a coppie come i carabinieri, spariscono a lungo come un talpone che va in letargo. Sono pena concreta, e insieme perfetta allegoria della disfunzione. A Roma gli autobus hanno la tendenza a sparire, se non addirittura a prendere fuoco, come misteriosamente inghiottiti dalla terra.

Una sera di agosto del 2018, a Ponte Mammolo, periferia est, una folla accaldata se ne sta in attesa del bus 451. Passa mezz'ora. Poi un'ora. Un'ora e mezza. Due ore. Le poche decine di persone diventano venti, poi quaranta, poi forse cento. E la pensilina non le contiene nemmeno più, per quante sono. Rumoreggiano. S'incazzano. Si istigano a vicenda. Alle 21, a distanza di cento metri, viene finalmente avvistato un autobus, ma non è il 451 che va verso Cinecittà, è invece il povero 163 appena uscito dalla stazione. Così si verifica uno di quei fenomeni di tumulto popolare ben descritti da Manzoni nella

Milano appestata del Seicento: l'autobus 163 viene bloccato, assaltato, occupato, dirottato e trasformato d'impeto popolare in un 451. La vettura parte, lievemente inclinata per il peso imbarcato, e dai finestrini si vedono braccia, gambe, borse. Come olive in barattolo. Se a Londra venisse dirottato un autobus, probabilmente si attiverebbe l'Mi6, con i reparti speciali antiterrorismo. A Roma c'è soltanto l'Atac, l'azienda municipalizzata dei trasporti che destra e sinistra hanno riempito di dipendenti in sovrannumero e mal pagati per ragioni puramente clientelari. E infatti, quando il 163 si blocca, va in fiamme ed esplode nella centralissima via del Tritone, lasciando una colonna di fuliggine alta quanto un palazzo, i negozianti si affacciano, gettano uno sguardo alla carcassa flambé e mormorano: «*Eccone 'nartro*».

Così su corso Trieste l'erba altissima si mischia ai tronchi morti degli alberi abbattuti, con le reti arancioni che segnalano le aree a rischio, in un'atmosfera di complessivo disfacimento. In viale del Battaglione della Speranza i prati a destra e a sinistra sono un groviglio di erba alta e moncherini di lecci segati. A Roma gli alberi non vengono curati. Quando non precipitano su una macchina, quando non ammazzano qualcuno, com'è già successo, vengono tagliati via senza pietà: più di ottocento esemplari fino a oggi. Alcuni, secolari, erano sopravvissuti ai bombardamenti della Seconda guerra mondiale.

Fallire nel recupero di Roma significa probabilmente fallire su tutto. E infatti, nella sua dichiarazione di fiducia a ottobre del 2022, la leader del governo Meloni fece riferimento esplicito alla questione romana. Inoltre la commissione Affari costituzionali, nell'aprile del 2022, aveva prodotto un documento di riforma costituzionale, una sintesi di altre proposte di legge che spingono affinché Roma diventi una città-regione con poteri legislativi. Si tratterebbe di un decentramento, non di un accentramento. E viene da dubitare che sia ciò di cui la Capitale ha bisogno. Tuttavia questo processo ha forse accelerato una situazione che per anni è rimasta immota, ferma, tra annunci enfatici e immobilismo totale. Ma si vedrà.

Fino a oggi Roma non è stata «pensata» dallo Stato, è stata soltanto oggetto di finanziamenti elargiti attraverso leggi provvisorie, gestite senza alcun tipo di visione. Ciò che la politica non ha mai voluto davvero comprendere è che erogare finanziamenti lasciando grottescamente irrisolta la natura della città, la sua forma giuridica, i suoi poteri, significa andare incontro ad altissime probabilità di fallimento e di sperperi. Così l'unico linguaggio parlato dalla politica è stato quello del «sussidiare Roma», senza pensare di mettere mano davvero alla sua architettura complessiva. Fondi, magie contabili, gestione commissariale del debito, tutto qui. I poteri, non solo quelli finanziari, del governo cittadino devono invece affrontare sfide cruciali in termini di eventi, di rappresentanza diplomatica e istituzionale, come il Giubileo del 2025, specialmente dopo che la città ha perso l'occasione dell'Expo 2030.

La struttura amministrativa obsoleta e da ente locale richiede una completa ristrutturazione, in particolare nell'attuazione dei poteri legislativi. E la ridefinizione della forma giuridica dovrebbe andare di pari passo con la riforma delle strutture tecniche e amministrative incaricate di mettere in pratica la «capitalità» della città e soprattutto con un diverso approccio della politica, meno partigiana e più ecumenicamente incline all'idea che Roma sia la capitale di tutti.

Allora, Roma come Parigi? Roma come Washington? Roma come Londra? Roma coincidente con la città metropolitana? Roma-regione? Roma co-gestita con lo Stato? Le proposte avanzate dai giuristi e dagli esperti spesso non tengono conto del vero elemento cruciale: la politica, appunto. Poiché, nella realtà, Roma rimane un enigma, più affine, dal punto di vista della gestione, a un comune di ventimila abitanti che a una moderna capitale nazionale.

Roma è il Ponte sullo Stretto di Messina del design istituzionale. E alla politica – sarà forse demagogico dirlo – ha sempre fatto comodo questa dimensione incompleta e incompiuta, dispersa in frammenti tribali di strette di mano e di decisioni spicciole, in cui asfaltare una singola strada viene fatto passare come qualcosa di straordinario, nemmeno fosse la costruzione di una centrale nucleare a idrogeno. La Roma attuale non può svolgere il ruolo di polo di attrazione, hub o capitale, poiché manca di una sua razionalità e di una visione complessiva. Imporre una razionalità in modo improvvisato, senza una previa e organica operazione di ristrutturazione che coinvolga la mentalità, la cultura, il senso istituzionale, la selezione e la formazione del personale, senza una revisione delle funzioni svolte, risulta impossibile. Eppure siamo quasi arrivati a intraprendere l'azione che avrebbe dovuto essere effettuata non tanto per ravvivare la città, ma almeno per fermarne il declino: commissariare Roma e affidarla a tecnici avulsi dalla dimensione del consenso politico, che passo dopo passo ha generato un deserto di logiche distorte. Ma sarebbe ancora meglio se la gestione, totalmente slegata dalle logiche del consenso, finisse in capo al governo nazionale. Questa è l'idea che la destra, nazionale appunto, dovrebbe accogliere. Un ministro-governatore, non eletto dai cittadini romani. Si dirà: equivarrebbe alla morte della democrazia. Ma non sarebbe così: se Roma è l'Italia, devono essere gli italiani a scegliere chi la governa, e dunque chi governa l'Italia deve anche governare Roma. E poi, comunque sia, la democrazia, procedendo in questo modo, si sta gradualmente spegnendo, giorno dopo giorno, logorata dalla visione estremamente limitata che la politica ha della città, dalla totale assenza di una classe dirigente capace di coniugare la conoscenza della complessità amministrativa e del territorio con competenze tecniche specializzate, dall'eccessiva frequenza di nomine spesso di dubbia qualità, fino all'insozzamento metaforico e letterale dei simboli stessi della Repubblica e della nostra democrazia. Gli accoltellamenti a duecento metri dal Viminale. La puzza di topo abbrustolito intorno al Senato. L'Altare della Patria che è poco più d'uno spartitraffico. I corazzieri che nella solennità d'un funerale di Stato trasportano il feretro del defunto presidente della Repubblica, Giorgio Napolitano, pestando bucce d'arancia, carte d'imballaggio, di gelati, di sigarette, a liste, a pallottole, a foglie morte, a trucioli e a coppetti. Capitale indecente, nazione decaduta. È o non è una priorità per la destra?

Burocrazia tolkieniana

Altro che premierato e riforma della Costituzione: sburocratizzazione. Questa è la riforma delle riforme. Che è, per giunta, a costo zero. Sburocratizzazione, per intendersi, altro non è che quel processo attraverso il quale si cerca di ridurre o semplificare la burocrazia dello Stato, al fine di rendere più snello ed efficiente l'insieme delle procedure, dei regolamenti e delle gerarchie che possono rallentare i processi decisionali. La sburocratizzazione, in qualsiasi organizzazione, che sia un'impresa privata o lo Stato nazionale, si attua in genere riducendo, per esempio, il numero dei documenti e dei passaggi necessari per compiere una determinata attività. Oppure rendendo ciascuno di questi passaggi comprensibile al cittadino. Non c'è sburocratizzazione, infatti, che non parta dal linguaggio. E in Italia codici, vincoli e regolamenti sono macchine sorprendenti, piene di trappole linguistiche anche negli articoli più semplici, che non è mai possibile ricordare o citare a memoria e che vanno sempre letti a ogni applicazione, come il messale. Per chi li capisce, naturalmente. Dopo tanti anni, il prete la messa la sa a memoria, ma la segue sempre sul messale, come la prima volta. E così fanno anche i burocrati.

In generale, in Europa almeno, la destra è proprio quella parte politica che cerca di eliminare la burocrazia inutile o eccessiva che potrebbe ostacolare l'attuazione delle politiche, la creazione di nuovi servizi o la determinazione di decisioni di qualsiasi ordine. Di solito, dunque, è la destra che vuole imporre chiarezza e semplicità anche nel linguaggio, eliminando i famosi «lacci e lacciuoli». Il che però non significa Far West. Uno Stato, come qualunque organizzazione, deve avere le sue regole, certo. Ma devono essere poche, appropriate, chiare e rispettate. Se sono troppe, come in Italia, si evita forse il Far West, ma si finisce direttamente a Bisanzio. Il che, com'è evidente, non è precisamente una cosa buona. Ancora oggi, per dire, si lavora alla ricostruzione dell'Abruzzo terremotato (oltre che dell'Emilia-Romagna), e se tutto procede lentamente è anche colpa dell'overdose di norme che regolano quei lavori: 5 leggi speciali, 21 direttive, 73 ordinanze del Consiglio dei ministri, 720 ordinanze del Comune. Bisanzio, appunto. E che c'entra la destra? direte voi. C'entra eccome.

Forse non a caso, e non solo per sciovinismo, a ottobre del 2023 un dirigente di Fratelli d'Italia, il vicepresidente della Camera Fabio Rampelli, ha proposto di semplificare le leggi e i provvedimenti impedendo l'uso delle parole inglesi nella pubblica amministrazione poiché, secondo lui, non sarebbero mediamente comprensibili al cittadino comune. Tuttavia, in realtà, pare invece che le parole inglesi siano spesso l'unica cosa più o meno comprensibile della pubblica amministrazione e del linguaggio legislativo italiano. È certo un paradosso. Ma non si può non notare che il contributo della destra, fin qui, non sia stato precisamente rivolto alla chiarezza espressiva. Tutto il contrario.

Si prenda come esempio la vicenda del famoso reddito di cittadinanza, quello che il governo Conte chiamava «Rdc» e che il governo Gentiloni, altro esempio di schiettezza espressiva, aveva all'incirca già introdotto (ma lo aveva battezzato col nome di «Rei», che non è la protagonista di *Star Wars*). Ebbene, anche il governo Meloni ha fatto la sua parte, com'è noto. Con una riforma del reddito di cittadinanza che suona più o meno così: «Il reddito di cittadinanza viene ora diviso in Pal, Gil e Gal a cui si accederà attraverso la piattaforma Siisl da tradurre poi nel progetto Gol». Sburocratizzazione? Chiarezza? Insomma... I sofisti godevano di una certa approvazione tra i greci, a condizione che i loro trucchi retorici fossero aperti e dichiarati, o impliciti ma innocenti, simili a quelli degli illusionisti o dei prestigiatori teatrali. Ma qui si va ben oltre. Da sempre, infatti, o almeno da quando esercito la professione di giornalista, ritengo probabile che per formare un autore di acronimi legislativi, uno di quei geni che lavorano nei gabinetti ministeriali, ci voglia un allenamento che inizi sin dalla più tenera infanzia, in scuole apposite. Sarebbe altrimenti impossibile spiegare questa prodigiosa fioritura di talento (a volte, appunto, di «genio») che attraversa in maniera trasversale il nostro ceto politico e amministrativo: Aato, Aec, Atem, Ato, Avcp, Bat, Bit, Bod, Cial, Cimo, Cip, Dpf, Dpr, Dps, Fnps, Fos, Fsn, Gpp, Gui, Ipl, Ires, Isee, Liveas, Pai, Pci, Pul, Pum, Put, Rd, Ruc, Sis, Sit, Soa, Tari, Trise, Tuir, Uo, Upi, Urp... E adesso, con il contributo della destra, anche Pal, Gil e Gal, che sembrano i nomi di tre elfi di Tolkien. Per raccapezzarcisi ci vorrebbe un nuovo «Vli» (vocabolario della lingua italiana). E infatti il nostro Paese sembra quello descritto nel racconto di Ennio Flaiano in cui il vecchio che è andato a colonizzare la Luna ricorda senza rimpianto la Terra: «Troppi verbi, troppi concetti. Sulla Luna abbiamo una sola lingua. Per mangiare diciamo "gnam", per bere "bomba" e per dormire "dodò"».

Ciascuno di noi (idraulico, medico o banchiere) fa un mestiere il cui successo si basa anche sulla fiducia che gli altri hanno nella nostra capacità di avere opinioni chiare e di esprimerci in maniera comprensibile. Che sia incomprensibile lo Stato, comincia a diventare un affare serio. E non è certo un caso se già nel 1993 Sabino Cassese, ministro della Funzione pubblica, riunì un gruppo di linguisti per dare alle stampe un dizionario utile, ma ampiamente disatteso, a tradurre in maniera comprensibile i testi delle leggi. Le definizioni più oscure, diceva quel campione del liberalismo di Sergio Ricossa, sono le migliori: sembrano estremamente profonde, e molti credono di vedervi cose meravigliose, che non esistono se non nella loro immaginazione. Rampelli in fondo voleva dire questo, credo, quando proponeva di vietare le parole anglosassoni. Ma non doveva prendersela con l'inglese. Il problema non sono le parole straniere: in Italia è proprio l'italiano che non si capisce. E l'ingarbugliamento linguistico non è che l'aspetto più paradossale dell'ingarbugliamento burocratico. Le due cose in questo Paese vanno di pari passo. Con la destra che non ha precisamente lavorato per rendere le cose più semplici. Al contrario.

Prendiamo il tema decisivo dei fondi europei che l'Ue destina all'Italia (il più incapace di tutti nello spenderli). Fra i tanti problemi che si devono affrontare c'è ovviamente la frattura Nord-Sud, che in questi anni si è aggravata. Ebbene, dall'agosto del 2022 ci sono circa 23 miliardi di fondi europei, i cosiddetti «fondi di sviluppo e coesione», da spendere proprio per diminuire il divario tra Nord e Sud Italia. Ma c'è un problema. A oggi, dopo un anno e due mesi (scriviamo a ottobre del 2023), questi 23 miliardi – che per l'80 per cento spettano alle regioni meridionali – pare che non si riescano a sbloccare. Perché? Perché lo Stato centrale dice di voler capire bene qual è la capacità di spesa delle singole regioni, e vuole essere sicuro che non ci siano sovrapposizioni fra gli interventi finanziati con questo «fondo di sviluppo e coesione» e gli interventi finanziati invece dal famoso Pnrr, il Piano nazionale di ripresa e resilienza. Il problema è che il governo si è incartato (il verbo è dei più adatti) in una sorta di piano quinquennale per l'economia, una di quelle cose che piacevano tanto ai compagni dell'Unione Sovietica, quell'intrico teorico e programmatico con il quale, ai tempi di Stalin, si decideva sulla carta tutto in dettaglio, con assoluta precisione, con meticolosa pignoleria, ma che poi non arrivava praticamente mai al dunque. Si producevano quintali di carta, poi però non si faceva nulla di concreto.

Il cretino di sinistra ha una spiccata tendenza verso tutto ciò che è complicato, diceva Leonardo Sciascia, ma l'imbecille di destra non è poi così diverso. Ci sono dunque 23 miliardi di euro circa da trasformare in cantieri e opere pubbliche, ma sono bloccati da due anni perché in sostanza, per ogni opera pubblica che una regione vuole finanziare, l'amministrazione regionale deve inviare all'amministrazione centrale un testo di circa venti cartelle, cioè trentaseimila battute, insomma quasi un libro, nel quale deve descrivere nel dettaglio l'opera da finanziare. Solo che, ovviamente, descrivere un'opera che non c'è è assai complicato. Inoltre, fra tutto ciò che viene richiesto di inviare a Roma per avere questi benedetti finanziamenti, ci sono delle schede. Quindici schede tecniche per ogni opera. Quindici schede tecniche composte da venticinque sigle, cioè venticinque «piani», ovvero venticinque caselle (sarebbe meglio dire casellone) da compilare. Una di queste schede è quella relativa all'ambiente, che trovo particolarmente rivelatrice. In questa scheda (anzi schedona) viene richiesto, in primo luogo, qual è la «pianificazione di bacino che comprende il piano stralcio per l'assetto geologico», titolo: Pai. Poi si passa al «piano di gestione del distretto idrografico», titolo: Pdgdi. Subito dopo ecco il «piano di bilancio idrico», titolo: Pbi. Ma pure il «piano di gestione del rischio alluvioni», titolo: Prga. Roba da toccare ferro. Nonché il «piano nazionale per la mitigazione del rischio idrogeologico», titolo: Pnmri. Finché non arriva il «piano relativo alle attività agricole zootecniche e agroforestali», titolo: Praaza. Con il «programma di sviluppo rurale nazionale», titolo: Psrn. Ma pure il «programma di sviluppo rurale regionale», titolo: Psr. Il «piano territoriale regionale», titolo: Ptr (il quale è, attenzione, a sua volta suddiviso in sei sigle). E ancora: il «piano territoriale di coordinamento», Ptc. Dieci sigle. Il «piano regolatore generale», Prg. Undici sigle. Il «piano di riduzione del rischio di superamento dei valori limite, dei valori obiettivo e delle soglie di allarme» (se qualcuno capisce che cosa vuol dire, si faccia avanti per ricevere una medaglia). E inoltre: la «strategia regionale di adattamento ai cambiamenti climatici», sigla Sracc (come ben si vede, qui entriamo nel campo delle onomatopee). Il «piano nazionale integrato per il clima e le energie», Pnice. Il «programma di riprogrammazione energetica della pubblica amministrazione centrale», Prepac. Il «piano di informazione e formazione rivolta al settore civile», Pif (che non è l'attore). Seguono ancora almeno sei o sette caselle di programmi. Ma il climax si raggiunge verso la fine. Quando cioè lo Stato, ovvero il ministero delle Regioni, chiede il «documento strategico della mobilità ferroviaria di passeggeri e merci», Dsmfpm. Ma anche il «piano strategico nazionale della mobilità sostenibile», Psnmsp. Nonché il «piano generale della mobilità ciclistica», Pgmc. E ovviamente il «piano nazionale degli aeroporti», Pnda. Ma pure il «documento di programmazione strategica di sistema» (nessuno ha mai capito cosa voglia dire, ma la sigla suona bene: Dpss). Dove però si raggiunge il massimo della musicalità espressiva è quando viene chiesta l'informazione relativa ai «piani urbani della mobilità sostenibile» con la sigla Pums. PUMS! E questa è soltanto una pagina, per giunta incompleta, delle quindici schede che, secondo lo Stato, le Regioni dovrebbero inviare per ciascuna delle opere e dei cantieri che vogliono finanziare con i soldi europei. C'è della poesia in tutto ciò, ovviamente.

Lo Stato centrale accusa le Regioni di non sapere, di non capire o di non fare, mentre le Regioni accusano il governo centrale di non far sapere, di non far capire e di non far fare. Chi ha ragione? Come sempre capita negli intrichi burocratici: hanno tutti torto e tutti ragione. In casi del genere le amministrazioni, centrali o locali che siano, dotate come sono di regolamentare coda di paglia, si comportano come quei famosi coniugi, i Bebawi, che molti anni fa, imputati di omicidio, presero ad accusarsi l'un l'altro puntando invero a una duplice assoluzione. Ma, al di là degli aspetti grotteschi, se non comici, la questione è in realtà assai seria. I fondi europei non vengono spesi. Spesso nemmeno quelli ordinari. E la nostra burocrazia, da qui ai prossimi dieci anni, avrà per le mani la straordinaria occasione del Piano nazionale di ripresa e resilienza: 191,5 miliardi di euro. Ebbene, il Pnrr si presenta come un programma complesso, sia per la diversità dei progetti sia per la loro gestione a livello territoriale. Coinvolge enti come Comuni, Province e Regioni, richiedendo quindi una supervisione accurata da parte del governo per garantire una corretta implementazione. È naturale che ci sia preoccupazione per il funzionamento simultaneo di un sistema di decisioni così articolato e affidato alla burocrazia dei tre elfi di Tolkien Pal, Gil e Gal. Tuttavia dire che il problema è, come al solito, soltanto «la burocrazia» – intesa come l'insieme delle persone che nella burocrazia ci lavorano – è in realtà un modo un po' ipocrita per assolvere in anticipo i responsabili politici e amministrativi. E qui dovrebbero entrare in gioco le politiche di destra, che però ancora non si vedono. La burocrazia, cioè i diversi apparati funzionali ai diversi settori dell'amministrazione, applica le regole vigenti; lo fa perché lo deve fare, e rischia processi penali se non lo fa. Il fatto è che, come ho cercato di far capire ricorrendo ad alcuni paradossi, in molti campi le regole sono confuse, contraddittorie, inutili o difficili da applicare, soprattutto in tempi predefiniti. È per questo che qui non vorrei additare e colpevolizzare «la burocrazia», i burocrati, le persone, ma la politica (anche di destra) che non sburocratizza. È necessario bonificare la palude delle regole che rallentano i processi burocratici, rendendoli farraginosi e privi di risultati tangibili.

Ma, come diceva Flaiano, in Italia la linea più breve tra due punti è l'arabesco. Il compito di una classe dirigente con la testa sulle spalle dovrebbe essere proprio quello di fare ogni giorno qualcosa per avvicinare i punti, non di fare ogni giorno qualcosa per rendere l'arabesco un po' più barocco del giorno prima, con le ventisei schede di piani da compilare per descrivere progetti, e opere, che ancora nemmeno esistono.

Quella del ponte di Genova, il Morandi collassato nell'agosto del 2018 e successivamente ricostruito in soli due anni, è stata un'impresa possibile grazie a una norma speciale che in pratica eliminava la maggior parte delle regole applicabili per appaltare ed eseguire opere pubbliche. Solo attraverso questa misura gli amministratori e la burocrazia hanno potuto agire in modo rapido ed efficiente. Un approccio simile è richiesto per i progetti del Recovery Plan e del Pnrr, ma in scala molto più ampia. Tuttavia, non si può chiedere agli uffici di ignorare completamente le regole; l'unica soluzione è modificarle. Moltissime di queste norme nascono da legittime esigenze, pertanto modificarle non è indolore, ma deve essere l'impegno principale di chi è al governo. È questa la sfida della destra, se vuole davvero essere destra: semplificare e responsabilizzare.

Più in generale una politica di destra dovrebbe sostenere fermamente le libertà fondamentali e il principio di legalità, adottando un concetto implicito che è tipico degli ordinamenti degli Stati moderni. Questo concetto sostiene che tutto ciò che non è vietato è permesso. Si tratta del tentativo di liberare imprese e cittadini dal peso dell'approccio «nulla è permesso se non esplicitamente previsto». In pratica, questa prospettiva promuove una maggiore libertà d'azione, limitando l'intervento governativo solo a quanto è strettamente necessario. È un lavoro improbo ma indispensabile, se non si vogliono far naufragare i progetti per poi lamentarsi della palude burocratica. Quella guazza tremenda che tuttavia è nel patrimonio genetico dell'Italia e della sua politica, tutta. La passione per le scartoffie, che sempre si accompagnano al bizantinismo degli acronimi e all'inafferrabilità delle regole, è per l'appunto patrimonio nazionale. Bipartisan, come usa dire.

E difatti anche Giuseppe Conte, la notte del 25 ottobre 2020, mentre annunciava le ultime eclatanti disposizioni, quelle che avrebbero nuovamente chiuso gli italiani in casa, citava un acronimo misterioso, Dpcm, con aria di condivisa familiarità, rivolgendosi agli italiani che lo ascoltavano in televisione e su Facebook. Il linguaggio burocratico aveva preso a vivere in una dimensione collettiva. «Non puoi mica uscire senza autocertificazione, non l'hai letto il Dpcm?» dicevano la nonna, la zia e la mamma ai tempi del lockdown.

Insomma, la dimensione burocratica è la dimensione italiana: le due cose coincidono. E se la contrazione delle parole, ovvero l'acronimo, economizza il pensiero – non paga cioè il biglietto della complessità e forse imbroglia –, allora è chiaro che il compito della destra – che è modernità – dovrebbe essere proprio quello di sciogliere gli acronimi e liberare l'Italia, anzi la Patria, dai lacci anche linguistici della burocrazia. Fa ridere, ma fa anche piangere. Specie quando si arriva al dunque, cioè agli effetti nefasti che l'eccesso di burocrazia fa precipitare sul nostro sistema economico e quindi, alla fine, sul nostro portafogli, sulle speranze e legittime ambizioni di migliorare le nostre condizioni di vita.

Un esempio? Nel corso degli ultimi decenni, l'Unione europea ha mancato diverse opportunità, non riuscendo a far emergere e crescere grandi piattaforme digitali come negli Stati Uniti o in Cina. L'Europa non ha visto nascere importanti aziende tecnologiche come avvenuto altrove ed è in ritardo rispetto ai settori chiave dell'innovazione, come l'industria dei microchip o l'intelligenza artificiale. Questa difficoltà nel rimanere al passo con i tempi non è dovuta a una carenza di risorse, bensì a un ambiente spesso ostile agli investimenti e contraddittorio nei confronti dell'innovazione. In una parola, lo ripetiamo: eccesso di burocrazia. Che compromette opportunità di crescita sia per le grandi sia per le piccole imprese, come sottolineato da Ursula von der Leyen il 13 settembre 2023 nel suo discorso sullo stato dell'Unione. In attesa di azioni europee è già possibile quantificare il costo economico della burocrazia, o almeno avere un'idea approssimativa: 154 miliardi di dollari all'anno. Questa è la stima di uno studio condotto dagli economisti Bruno Pellegrino della Columbia University e Geoff Zheng della New York University, limitato a sette Paesi europei: Francia, Italia, Spagna, Germania, Ungheria, Austria e Regno Unito (quest'ultimo non più nell'Ue). Centocinquantaquattro miliardi sono il costo della regolamentazione che distorce gli investimenti delle imprese e riduce il Pil, agendo come una «tassa ombra» che impone oneri aggiuntivi alle imprese che vogliono ampliare la propria attività. Inoltre la burocrazia, non essendo uniforme, comporta una distribuzione distorta dei fattori produttivi, riducendo la produttività complessiva dell'economia.

La stima complessiva del costo economico della burocrazia è dunque enorme, pari quasi al Pil di un Paese africano come l'Etiopia. Tuttavia, questa «tassa ombra» è molto eterogenea a livello nazionale: si passa dal -3,9 per cento della Francia (il dato più alto) al -0,1 per cento di Regno Unito e Austria (i più bassi). Subito dopo la Francia c'è l'Italia, con un -0,8 per cento del Pil. Può sembrare un dato trascurabile, ma rappresenta la crescita economica italiana nel 2023 e l'effetto stimato sul Pil dell'intero Pnrr. In sostanza, per il governo di destra, la semplificazione e l'efficientamento della pubblica amministrazione sarebbero riforme a costo zero che possono avere lo stesso impatto di centinaia di miliardi di spesa pubblica. Che cosa stanno aspettando?

Quando la gente legge sui giornali o sente dire nei talk show che siamo poco competitivi o che la produttività langue, pensa istintivamente che le imprese italiane e il nostro export siano scadenti. Ma non è così. Se molti accettano in modo acritico questi luoghi comuni si fanno un'idea sbagliata di come stanno le cose. Sono l'incertezza del diritto e i tempi lunghi della giustizia, i ritardi cronici in talune infrastrutture, i servizi pubblici locali frammentati e inefficienti, l'instabilità dei governi, e ovviamente la burocrazia, in realtà, a non renderci competitivi, a frenare il Pil e a disincentivare gli investimenti stranieri. La colpa della bassa crescita italiana non è affatto delle nostre imprese. Altrimenti non si spiegherebbe perché la bilancia commerciale dell'Italia sia tra le migliori del mondo, con un saldo positivo a giugno del 2023 pari a +7.718 milioni di euro. Il Pil del nostro Paese, a dire il vero, aumenta poco non a causa dei settori manifatturieri, del commercio e del turismo. No, l'Italia cresce poco perché è zavorrata dalla pubblica amministrazione e dalle leggi che si è autoimposta come una flagellante. È zavorrata dall'apparato di struttura della nostra economia, che può migliorare soltanto con le riforme. Con, manco a dirlo, la sburocratizzazione.

Ma è più facile combattere l'ineluttabilità della natura che quella della burocrazia.

Con i suoi 3,3 milioni di addetti, il sistema burocratico italiano costa circa la metà del prodotto interno lordo nazionale, e anziché essere lo strumento che muove lo Stato, è uno dei principali freni alla corsa di ogni settore della vita economica e sociale del Paese. E certo il guasto non è nuovo, per così dire. Nel 1919 Luigi Einaudi descriveva con queste parole la burocrazia italiana: «Il lavoro burocratico è pessimamente organizzato, e perciò, sebbene le paghe siano modeste, la resa del lavoro è minima ed il costo enorme; ed opprimenti le imposte che i contribuenti debbono pagare per mantenere un ceto burocratico povero, malcontento, invidioso ed improduttivo. Finché si lascia immutata la organizzazione attuale, bisogna dichiarare che il problema è insolubile».

Il tratto distintivo degli apparati amministrativi italiani consiste nell'essere composti da personale selezionato non sempre basandosi su criteri oggettivi. In alcuni uffici la quota di dipendenti assunti senza concorso rappresenta una percentuale significativa, con tre quarti degli addetti che sono entrati in servizio senza aver passato il vaglio di procedure concorsuali. I bandi pubblici dovrebbero servire a reclutare personale attraverso meccanismi come l'«assunzione degli idonei» o lo «scorrimento delle graduatorie». Tuttavia, queste procedure sono spesso disattese dal corpo politico, che inserisce i propri collaboratori in modo irregolare, occupando posti amministrativi senza ricorrere a concorsi regolari. Che cosa dovrebbe fare la destra? Interrompere questo circolo vizioso, la spirale della pigrizia e del clientelismo. E poi, appunto, come già detto (ma mai abbastanza): sburocratizzare le regole amministrative. Ovvero progettare una serie di interventi strutturali sulle procedure rimuovendo adempimenti e intralci superflui e comunque non proporzionati; intervenendo sul sistema dei controlli, su quello sanzionatorio (eliminando duplicazioni e sovrapposizioni), sul regime della responsabilità dei funzionari pubblici. Finora il massimo è stato la proposta di eliminare le parole inglesi dalla pubblica amministrazione. Diciamo – per usare un eufemismo – che non è abbastanza.

Più carcere per tutti

Occupazione di immobili destinati a domicilio altrui, aumento delle pene fino a sette anni. Truffa agli anziani, innalzamento della reclusione fino a sei anni. Minaccia o resistenza a pubblico ufficiale, inasprimento delle pene di un terzo. Traffico di migranti, incremento delle sanzioni fino a trent'anni. Violenza di genere, aumento delle pene fino a cinque anni. Violenza contro il personale sanitario, aumento di un terzo delle pene. Reato universale di gestazione per altri, aumento delle pene fino a due anni. Violenza contro il personale scolastico, aumento delle pene fino a sette anni. Rave illegali, incremento delle sanzioni fino a sei anni. Omicidio nautico, aumento delle pene fino a dieci anni. Incendi boschivi, aumento delle pene fino a sei anni di reclusione per chi appicca i fuochi. Occupazione abusiva di immobili, aumento delle pene fino a due anni. Istigazione alla violenza sui social, proposta di pene fino a cinque anni. Istigazione all'anoressia, proposta di reclusione fino a quattro anni. Muri imbrattati, proposta di reclusione fino a un anno. Baby gang, pene più severe per i minorenni, fino a cinque anni per spaccio. Acquisto di merce contraffatta, proposta di pene fino a un anno. Dispersione scolastica, proposta di aumento della pena fino a due anni per i genitori che non mandano i figli a scuola...

Durante il suo primo anno di mandato, il governo di centrodestra ha approvato o suggerito approssimativamente tutti questi incrementi delle sanzioni. E l'elenco è di certo incompleto, compilato per difetto. Fidatevi. A un certo punto, a settembre del 2023, dopo l'abbattimento in Abruzzo di una femmina di orso battezzata con il nome di «Amarena», il deputato di Forza Italia Nazario Pagano ha presentato una proposta di legge per introdurre il reato di... «orsicidio marsicano». Una pena da sei mesi a due anni di reclusione per chi cattura o uccide esemplari di orso marsicano. Un tic dagli effetti paradossali: secondo l'Istituto superiore per la protezione e la ricerca ambientale (Ispra), in Italia ci sono circa 161 specie di animali a rischio estinzione. Dall'orso bruno al grifone, passando per la trota mediterranea. Se si seguisse appieno la logica dell'onorevole Pagano (ma non è mica l'unico), nell'ordinamento penale bisognerebbe introdurre 161 reati autonomi a tutela di queste specie. Una follia, la cui realizzazione però non è da escludersi. Al netto degli aspetti grotteschi, la questione è grave benché forse non sempre seria. Sembra quasi che la destra al governo trovi la sua misura nella dismisura, e allora evochi una giustizia draconiana, scenografica, perché quello che conta davvero forse è la rappresentazione, la parola definitiva, la reazione a torso nudo. Ma a che serve in realtà? A niente. È soltanto un atteggiamento sudamericano, da un certo punto di vista persino sovversivo; il contrario di ciò che una destra moderna e liberale dovrebbe fare. Il borghese conservatore, come abbiamo già detto, non è un reazionario, crede che il mondo sia sempre da cambiare, da migliorare: non si contenta mai, non si rassegna. Ma sempre su scala individuale, senza cercare palingenesi sociali. Se fa palingenesi è senza pianificarle: le ottiene senza premeditazione. Gradualmente, a tentoni. E comunque senza mai comprimere la libertà dell'individuo, e senza mai mettere a repentaglio la credibilità della legge. Senza mai indulgere al populismo emotivo. Al contrario, richiedere sanzioni più severe, pretendere un aumento della detenzione e una maggiore punizione implica abbandonare l'applicazione delle attuali pene. Significa, appunto, mettere in gioco la credibilità stessa della legge.

È invece la certezza della pena, di una pena giusta, il *proprium* dell'azione della destra. Non lo spettro del carcere, gridato (e non comminato in assenza di controlli). La punizione, infatti, come descritto da un fine esperto del diritto quale Gian Luigi Gatta, deve sottolineare l'importanza della responsabilità e deve essere compresa profondamente per poter essere considerata efficace. La cultura di destra si basa sulla responsabilità, sulla distinzione, sull'efficienza e sulla libertà. Nessuna di queste qualità trova espressione nel sistema carcerario italiano. Ma non pensiate che questa forma lirica e teatrale di rapporto con la giustizia appartenga soltanto alla nostra destra contemporanea. Non è così. Appartiene, e molto, alla sinistra, e la destra – la cui componente liberale è in stato semicomatoso – l'ha assunta per mimesi, per quella forma di somiglianza siamese che da sempre esiste tra collettivisti e corporativisti.

Dopo la tragedia del 30 agosto 2023 a Brandizzo, in Piemonte, costata la vita a cinque operai investiti da un treno mentre lavoravano sui binari della linea Milano-Torino, anche il centrosinistra tornava ad agitare il cappio. Se la destra s'infiamma per i casi di cronaca nera, per i reati dei migranti, la sinistra monta sulla garitta per i femminicidi e per le morti sul lavoro. Ma la ricetta e la reazione sono identiche. La capogruppo del Pd alla Camera, Chiara Braga, subito dopo Brandizzo, invocava infatti l'introduzione di un nuovo reato, l'«omicidio sul lavoro». Un reato che dovrebbe punire «chiunque cagioni per colpa la morte di una persona con violazione delle norme per la prevenzione degli infortuni sul lavoro e delle malattie professionali». Reclusione da due a sette anni. E questo benché in realtà nel codice penale già esistano norme che puniscono le lesioni personali colpose e l'omicidio colposo avvenuti con violazione delle disposizioni per la prevenzione degli infortuni sul lavoro (articoli 589 e 590). Per quanto riguarda l'omicidio, la pena prevista è esattamente la stessa (da due a sette anni). La novità della proposta depositata da Braga stava nel rendere autonomo il reato e nel prevedere una serie di aggravanti. Insomma, nel caso in cui la legge del Pd fosse stata già in vigore, i presunti responsabili dell'incidente avvenuto lungo la linea Torino-Milano avrebbero addirittura rischiato una pena di diciotto anni di carcere.

«La prevenzione rimane l'arma più potente, ma il riconoscimento di una fattispecie sanzionatoria diventa un incentivo a considerare la vita dei lavoratori un bene da difendere prima di tutto e con ogni mezzo. Perché il dramma di Brandizzo non si ripeta mai più» sosteneva l'onorevole Braga. Come a dire: più pene per tutti, è questa la soluzione per ogni male. Peccato che la cronaca e l'esperienza storica abbiano già dimostrato ampiamente che le cose non vanno in questo modo. Si era già capito, all'incirca, ai tempi di Alessandro Manzoni, come ci ricordano le letture del liceo. «Fino dall'otto aprile dell'anno 1583, l'Illustrissimo ed Eccellentissimo signor don Carlo d'Aragon, Principe di Castelvetrano, Duca di Terranuova, Marchese d'Avola,

Conte di Burgeto, grande Ammiraglio, e Gran Contestabile di Sicilia, Governatore di Milano e Capitan Generale di Sua Maestà Cattolica in Italia, pienamente informato della intollerabile miseria in che è vivuta e vive questa Città di Milano, per cagione dei bravi e vagabondi, pubblica un bando contro di essi. [...] Ma, nell'anno seguente, il 12 aprile, scorgendo il detto signore, che questa Città è tuttavia piena di detti bravi... tornati a vivere come prima vivevano, non punto mutato il costume loro, né scemato il numero, dà fuori un'altra grida, ancor più vigorosa e notabile, nella quale, fra le altre ordinazioni prescrive: Che qualsivoglia persona, così di questa Città, come forestiera, che per due testimoni consterà esser tenuto, e comunemente riputato per bravo, et avere tal nome, ancorché non si verifichi aver fatto delitto alcuno... per questa sola riputazione di bravo, senza altri indizi, possa dai detti giudici e da ognuno di loro esser posto alla corda et al tormento, per processo informativo... et ancorché non confessi delitto alcuno, tuttavia sia mandato alla galea, per detto triennio, per la sola opinione e nome di bravo, come di sopra. Tutto ciò, e il di più che si tralascia, perché Sua Eccellenza è risoluta di voler essere obbedita da ognuno.»

Ecco. Quello che un conservatore, un liberale, vorrebbe dalla destra è che facesse la destra: che si sottraesse a questa retorica demenziale delle grida manzoniane. Invece, oggi come nella Milano del 1600, per la politica aumentare le sanzioni è una compulsione gratificante: richiede poco sforzo, ha tutto sommato un costo limitato, e allo stesso tempo crea una magnifica illusione. Basta aggiungere una clausola, una legge, alcune righe o una penalità in più, ed è fatta. C'è un problema? Facciamo una legge che vieta il problema e punisce orribilmente i colpevoli. Caso chiuso. Due ragazze minorenni stuprate per mesi da un gruppo di adolescenti a Caivano? La

Lega rilancia la proposta di castrazione chimica per gli stupratori. Un gruppo di sconosciuti in motocicletta percorre le strade della periferia di Napoli sparando in aria all'impazzata? Fulvio Martusciello, coordinatore regionale di Forza Italia in Campania, propone l'introduzione del misterioso reato di «stesa» (che, nel gergo camorrista, è proprio l'azione di intimidazione consistente nell'attraversare velocemente a bordo di motorini le vie di determinate zone cittadine sparando tutt'intorno con l'effetto di costringere le persone a stendersi per terra). Si comportano tutti così, e c'è da chiedersi se non ci si possa aspettare di meglio, almeno dalle forze conservatrici e liberali (ammesso che esistano). La politica contemporanea, di fronte a qualsiasi fatto di cronaca che susciti emozioni, indignazione o rabbia – da una strage di operai a uno stupro fino al crollo di un ponte –, sente immediatamente la necessità di fare qualcosa per dimostrare di essere reattiva. «Non aspetteremo i tempi della giustizia» disse il presidente del Consiglio Giuseppe Conte, ad agosto del 2018, di fronte alle rovine del ponte Morandi. E sempre in un lampo la politica populista individua i colpevoli da impiccare al ramo più alto, o in quel caso al pilone, tra quelli che non erano crollati nella tragedia del Morandi, come se non interessassero la risoluzione dei problemi e la comprensione dei fenomeni, ma solo un principio tutto lirico e teatrale, una reattività che simula l'efficienza, la trasformazione di uno Stato di diritto – che ha tempi, regole, codici, responsabilità – in uno Stato della percezione emotiva e della decisione muscolare. Tutte cose che per loro natura non hanno bisogno di alcun controllo, di alcuna indagine, di alcun pensiero complesso, perché ciò che conta è l'annuncio – e che sia rapido come un tweet – delle punizioni, delle frustate contro soggetti evanescenti e quasi senza volto, in quel caso i ben poco simpatici *rentier* del pedaggio autostradale, che ai populisti ricordano quegli oligarchi che ogni tanto Putin sbatte in galera per soddisfare la rabbia e l'odio sociale dei suoi sudditi in Russia. Quel ponte crollò, e senza una riflessione sulle ragioni per le quali l'Italia è un Paese la cui modernità è ferma agli anni sessanta. Capire, risolvere o prevenire non conta. E si può ben intuire dove portino l'indignazione e l'invettiva, e quanto abbassi il tasso di buon senso questo trasloco della ragione dalla testa allo stomaco, dal cervello alle viscere. Sicché, per cercare di dimostrare la massima reattività possibile, la politica, anche quella di destra (tradendo se stessa), opta per l'aumento delle sanzioni come gesto concreto per raggiungere obiettivi specifici.

Il primo, e forse il più importante di questi obiettivi, è mostrare ai sostenitori la forza delle proprie azioni, il che si accompagna alla necessità (opportunità) di rivelare empatia verso le vittime dei reati nonché nei confronti di tutti coloro i quali nell'opinione pubblica sono indignati per un grave fatto avvenuto. In secondo luogo, lo scopo, non meno importante, è mascherare la propria incapacità di lavorare efficacemente sulla prevenzione dei reati dietro a un'apparente stretta, e, allo stesso tempo, creare un terreno fertile per scontri politici futuri. Ovvero: se non condividi l'approccio di aumentare sistematicamente le sanzioni, allora forse sei dalla parte di chi organizza eventi illegali, sei un po' complice di chi fa crollare i ponti, di chi ammazza gli operai e di chi stupra le bambine.

E così, come dimostrano le statistiche e le denunce degli studiosi del diritto e degli avvocati, da anni tutti i governi di ogni colore aumentano le sanzioni per prevenire reati ad alto impatto emotivo. E ogni volta che quel genere di reati si ripete, i governi fanno lievitare ulteriormente le sanzioni, ammettendo implicitamente che gli aumenti precedenti non hanno prodotto risultati. Grottesco, no? Come ha scritto sul «Foglio» uno dei maggiori giuristi del nostro Paese, il professor Giovanni Fiandaca: «Aumentare le sanzioni è un modo semplice per ottenere titoli sui giornali e per evitare di dedicare tempo e risorse alla prevenzione, che richiede sforzi e non produce risultati immediati. La scorciatoia è sempre la stessa: nascondere dietro al populismo penale l'incapacità di affrontare le cause profonde dei problemi sociali emergenti, lasciando effettivamente al sistema giudiziario il compito di trattarli in termini di colpe e punizioni individuali».

Davvero la destra, che è per sua natura pragmatica e ha un solo riferimento sociale – la modernità e l'efficienza –, può abbandonarsi a tutto questo? Penso di no. Una destra moderna, al contrario, dovrebbe eliminare numerosi reati superflui, non aggiungerne di nuovi, come d'altra parte si era riproposto di fare Carlo Nordio prima di diventare ministro della Giustizia nel governo Meloni: la dilatazione del diritto penale è una caratteristica della sinistra, mica della destra. Una destra degna di questo nome dovrebbe anche abbandonare l'idea di intensificare le pene, di comminare più carcere per tutti assecondando l'opinione pubblica, come se i grandi fatti di cronaca andassero giudicati al televoto. Questo è populismo, il contrario dell'individualismo. Ammesso che intenda davvero, la destra, essere destra: ossia difendere l'ordine, il rispetto della legge e dello Stato di diritto. Libertà individuale.

Le democrazie liberali, che non sono nate certo col comunismo e nemmeno con la socialdemocrazia, nascondono una profonda preferenza per i pensieri piuttosto che per i provvedimenti. Sta in questo la modernità democratica del conservatorismo borghese. L'amore esclusivo per i provvedimenti, che piace ai collettivisti, porta allo spirito di caserma, al soviet, mentre l'amore per la discussione e la comprensione dei fenomeni porta alla polemica, al pensiero, alla scienza, all'invenzione, alle idee. Al progresso. Senza dubbio, un discutere eccessivo, mentre gli altri agiscono, porta con sé il pericolo di morte. E le democrazie rischiano sempre il suicidio. Ma quanta nobiltà in questo perpetuo stato di pericolo, e infine quanta vitalità! D'altra parte la destra non è sentimentale e non ha fiducia nelle idee astratte. E allora la punizione non deve essere esemplare o, magari, crudele. E non tutto deve essere affidato all'intervento di un giudice che brandisce la clava del codice penale. Affinché sia efficace, una punizione deve essere certa, bilanciata e tempestiva. Una pena che arriva a vent'anni dal reato è assurda e non ha nessun senso.

Una destra liberale dovrebbe cercare la via di una convivenza repubblicana intesa come condivisione di regole, doveri e diritti all'interno di un sistema in cui pene equilibrate si accompagnano all'efficienza del controllo e della sanzione. La destra dovrebbe sapersi opporre al populismo giudiziario dal sapore sudamericano, e non può certo rifugiarsi nell'idea sbagliata e stupidissima che il carcere sia lo strumento principale di repressione e di prevenzione dei reati. Non è affatto così. Le sbarre devono essere l'*extrema ratio* per i reati di gravissimo allarme sociale. E la sicurezza va garantita più con il controllo del territorio che con la prigione per l'individuo.

Invocare più carcere è una resa: punizioni sempre più draconiane e inefficaci, in assenza di controlli o di opere di prevenzione, sono la sconfitta dello Stato. La funzione del diritto penale non è più nel carattere esemplare dell'applicazione della pena ma nella minaccia, che ha il pregio e il difetto della banalità, perché esaurisce i compiti e i doveri dello Stato nella scappatoia comoda e improduttiva, appunto, della banalità. Prezzolini scriveva che lo Stato «dovrebbe limitarsi a provvedere, in modo tecnico perfetto, la sicurezza dell'indipendenza nazionale, le comunicazioni rapide e a buon mercato, l'igiene necessaria alla salute della popolazione, la scuola che sa scegliere i migliori [...]; e soprattutto dovrebbe offrire un corpo di giudici imparziali, un codice di leggi chiare, una esecuzione della giustizia rapida e poco costosa per tutti». Leggi chiare e l'esecuzione d'una giustizia rapida per tutti. Converrebbe leggere davvero questo autore così citato (ma evidentemente poco compreso) tra gli altri, anche da qualche ministro oggi al governo.

Prima di diventare guardasigilli, Carlo Nordio ha pubblicato un pamphlet dal titolo impegnativo, *Giustizia*, in cui illustrava l'importanza di una completa riforma del sistema giudiziario e del suo ordinamento. E come procedere? Affrancando, scriveva Nordio, il cittadino dall'asfissiante abbraccio dello Stato, garantendo certezza della pena e favorendo il senso di appartenenza dell'individuo alla società attraverso un avvicinamento alla vita quotidiana intessuta di diritti e di doveri. In pochissime righe, Nordio tratteggiava il dato essenziale, lo statuto epistemologico del rapporto tra cultura di destra e forma idealtipica della giustizia: lo sviluppo di un progetto di società che abbia al centro l'individuo e una minor burocrazia intrusiva (cosa c'è di più burocratico e invasivo, fallimentare vorrei dire, del carcere?).

E infine, aggiungeva Nordio, la cultura giudiziaria della destra prevede il concetto di «sicurezza», nella sua declinazione pura e laica: consapevolezza di essere in società, di avere la possibilità di affermarsi attraverso il reticolo dei diritti e dei doveri, liberando i primi dalla sinonimia pericolosa con il «privilegio» e i secondi da quella oleosa patina di «autoritarismo» che certa sinistra ha loro cucito addosso. Ebbene il carcere, nella cultura di una destra borghese e liberale, è un supremo fallimento. Equivale all'abbandono del singolo e alla morte dello sviluppo individuale nella lotta per la vita, la quale unica rende l'individuo artefice del proprio destino. E allora com'è possibile che la destra, oggi, come la sinistra, proponga più leggi e più carcere? In *Tipo nome forma* Ernst Jünger, che pure è una lettura della destra postmissina, nota come solo l'accettazione del calice di veleno abbia conciliato l'eternità di Socrate, al contrario di quanto sarebbe accaduto con il carcere. E già Nietzsche, in una riflessione contenuta nei *Frammenti postumi*, presentiva quanto il carcere fosse intimamente perverso, perché capace solo di peggiorare la tenuta morale del soggetto recluso. Per una destra che voglia legarsi al paradigma della libertà, intesa come assunzione di responsabilità da parte di un individuo davvero affrancato dal peso di uno Stato avvolgente, la galera e il profluvio di leggi e di inutili (e non rispettati) divieti non fanno che produrre una spirale viziosa di insicurezza.

L'egemonia travestita

Giampiero Mughini una volta si è chiesto cosa leggesse Matteo Salvini. «Sarebbe bello vedere che libri ha in casa» scriveva. Nel frattempo, Salvini, segretario della Lega, si ritraeva in montagna su Instagram con il volume di Paolo Cognetti, *Le otto montagne*. Non è chiaro se in ragione del Premio Strega, vinto un anno prima dallo scrittore milanese. O delle montagne. O forse di entrambe le cose. Ma comunque sottolineando involontariamente che i volumi al giorno d'oggi si tengono su Instagram, occupano meno spazio.

Nel suo ritratto ufficiale, il presidente francese Emmanuel Macron ha posizionato sulla scrivania una copia aperta delle *Memorie di guerra* di Charles de Gaulle, e altre due copie – chiuse – di opere di Stendhal e di André Gide. Come si capisce, allora, i libri non si leggono, si fotografano. O al massimo si scrivono (da qui la fulminante battuta di Francesco Storace all'uscita di un libro di Gianfranco Fini: «Il problema non è capire se l'ha scritto effettivamente lui, ma se l'ha letto»). Ora, il marziano che volesse fissare la punta del compasso nell'esatto centro del centro di Roma, insomma nel luogo dove vivono i parlamentari, i ministri e i *grand commis de l'État* italiani, e da lì tracciare un cerchio, dovrebbe divaricare le punte al massimo per trovare una libreria. Non ce ne sono. Che il libro sia un oggetto poco diffuso e poco amato in Italia, in generale, e non solo tra i politici, è un dato di fatto. Non da oggi, certo. Scriveva Giovanni Papini nel 1953: «In molte, in troppe case italiane, non c'è altra carta stampata che quella dei giornali appesi a un gancio delle latrine...». Oggi, da quando c'è carta igienica in abbondanza, di carta stampata non c'è nemmeno quella.

Proprio di fronte a Montecitorio, alla Camera dei deputati, un tempo si affacciava la libreria tedesca Herder. Chiusa. E c'era anche la libreria Arion, che ancora prima si chiamava Paesi Nuovi. Chiusa pure quella. Adesso al posto della prima c'è un negozio di abiti e in luogo della seconda una parafarmacia. Herder e Arion, come la grande libreria Feltrinelli di piazza Colonna (anch'essa scomparsa), erano due magneti per le fiumane di deputati, senatori, funzionari e giornalisti che vi stazionavano. Ai tempi della Prima Repubblica, ma pure agli albori della Seconda. Molti politici, come Ciriaco De Mita, avevano il conto aperto. Oggi questo deserto, a un passo dal Parlamento e da Palazzo Chigi, nella città dove ormai pascolano i cinghiali, è ben più di un segnale. Una classe dirigente che non legge, una classe dirigente, diciamolo, un po' ignorante ha come primo effetto la volatilità della politica stessa.

Andrea Augello, il più significativo tra i leader della destra romana, scomparso nel 2023, diceva che «non c'è leadership senza un gruppo dirigente di standing medio-alto che circondi il capo, il quale altrimenti è fatalmente destinato a logorarsi nello spazio della sovraesposizione mediatica». Sono parole che Augello pronunciò qualche mese prima di morire, ancora giovane, quando già la destra di Meloni sembrava destinata incredibilmente a vincere le elezioni. Si trattava di un monito, di un ultimo consiglio.

Certo non bastano le librerie per coltivare le intelligenze: quelle te le devi andare a cercare nella società. Ma che non ci siano librerie intorno al Parlamento, qualcosa vorrà pur dire. Le librerie se ne vanno, i cinghiali restano. Così come restano i politici-scrittori, quelli che leggono sempre meno, i quali, se ci fate caso, tuttavia, parlano di cultura a ogni piè sospinto. Ci sono troppi incidenti stradali? Manca una «cultura della sicurezza stradale». Bisogna combattere la criminalità al Sud? «Ci vuole una cultura della legalità» per contrastare la «cultura dell'illegalità». A ogni eccesso della magistratura si apre un confronto tra «cultura del carcere» e «cultura delle indagini». «Cultura» delle intercettazioni e «cultura» delle garanzie. Troppe persone si sono fatte truffare acquistando bond che non valevano nulla? «Dobbiamo investire nella cultura finanziaria.» E via cultureggiando.

Sembra che nel nostro Paese la politica si senta appagata definendo «cultura» tutto e tutti, spandendo una vernice culturale (verbale) su tutto. Diceva uno slogan del maggio '68 francese: «La cultura è come la marmellata: meno ne hai, più la spalmi». Appunto. Dev'essere per questo che i politici scrivono tantissimo. Saggi, pamphlettini, pamphlettoni, libri-interviste, libri-confessione, memoriali, e addirittura racconti e romanzi che spaziano dalla storia alla fantascienza. Dario Franceschini scrive romanzi, come Walter Veltroni; Matteo Renzi pubblica un libro all'anno, persino il sindaco di Milano Beppe Sala, che quindi non è un politico di livello nazionale, ha scritto un suo volume.

A dire il vero, i politici romanzieri erano già stati inchiodati alle loro responsabilità tanti anni or sono. In *Visibilità zero*, Carlo Fruttero, lo scrittore compagno d'avventura letteraria di Franco Lucentini, nel 1999 descriveva «il romanzo dell'onorevole»: ritorno al paesello contadino per ritrovare gli antichi valori e ricordo commosso dello sterco di gallina della propria infanzia. Dunque non mi addentrerò oltre nella questione già risolta a suo tempo da Fruttero, a proposito del politico grafomane. Vorrei soltanto rilevare un fatto statisticamente inoppugnabile: i veri grafomani della politica italiana, sia detto con simpatia, stanno quasi tutti a sinistra. Perché la «cultura» sta tutta a sinistra? Forse. O forse no. Di sicuro c'è che è a destra che ci si domanda se esista una cultura conservatrice (la sinistra dà per assodato che la sua cultura esista e ne è piuttosto sicura: ragione per la quale, più di chiunque altro, i politici di sinistra scrivono). Ma soprattutto a destra ci si interroga su come diffonderla, questa cultura.

La grande aspirazione alla cultura che si manifesta nel nostro Paese è encomiabile, malgrado non intenda passare attraverso i tramiti normali, troppo impegnativi, quali: la lettura di un libro, l'osservazione attenta di un quadro, l'ascolto di un concerto. O anche: la paziente permanenza in un laboratorio scientifico. Ma tant'è. Negli ultimi anni c'è stato un profluvio di incontri, seminari, giornate di studio, simposi, assemblee organizzate a vario titolo da associazioni e gruppi di persone vicini alla destra che intendevano interrogarsi su cosa fosse, e come andasse declinata, quella cultura di destra che intanto, grazie alle capacità personali di Giorgia Meloni, assumeva la guida del Paese. Che esista una cultura di destra, è assodato, non c'è ombra di dubbio. Il mondo culturale antiprogressista è assai ampio: dal conservatorismo rivoluzionario, passando per il misticismo estetizzante para-fascista, per il libertarismo e il liberalismo meno incline al compromesso con il sol dell'avvenire, attraversa le posizioni reazionarie, per arrivare infine al conservatorismo *tout court* e poi abbattersi come un maglio sulla testa della vulgata progressista. Ma, a mio avviso, non si tratta di reclamare testi o nomi di autori, come fossero figurine da inserire nell'album di famiglia, appiccicandoli tra loro in un rutilante patchwork di appropriazioni e di rivendicazioni. Il patrimonio intellettuale della destra esiste anche oggi e perfino in Italia, certo. Solo che spesso si guarda bene dal definirsi tale. In parte per scampare alla dittatura culturale della sinistra (se scrivi ciò che pensi dell'immigrazione, poi con chi pubblichi?). In parte per non confondersi col fascismo, poiché in Italia c'è l'eterno problema della confusione fascismo/destra che i successi di Fratelli d'Italia sembrano acuire anziché risolvere (benché Meloni e gran parte del suo gruppo dirigente siano cresciuti leggendo le saghe tolkieniane, non Giovanni Gentile, Julius Evola o Adriano Romualdi). E infine, in parte, per non confondersi nemmeno con la destra propriamente detta, cioè con una posizione dualista e politicista assai diversa dall'espressione «conservatore». E questa natura, insieme inafferrabile, individualista e un po' anarchica della cultura di destra dovrebbe far riflettere proprio i politici che maneggiano forse questo termine – «cultura» – con eccessiva facilità.

Comunque sia, negli ultimi anni abbiamo osservato e ascoltato i politici di destra, in Italia, prima dibattere sul «cosa», poi sul «come» della cultura di destra, impegnati addirittura a cercar di capire se persino il quiz tv sui pacchi o le trasmissioni di Fabio Fazio siano stati incubatrici dell'egemonia culturale della sinistra. E li abbiamo alla fine visti risoluti più che altro a crogiolarsi nell'idea di essere una minoranza ostracizzata (dalla sinistra) anche quando ormai si trovavano alla guida del ministero della Cultura, dei musei, degli enti lirici, dei teatri e persino della Rai. Contrariamente alle lamentazioni della destra, quindi, che sostiene di essere esclusa da determinati circoli, come quelli letterari, cinematografici e televisivi, essa è invece ampiamente rappresentata in settori chiave come il giornalismo, la televisione e la comunicazione. Tali professioni contribuiscono in modo significativo alla produzione della cultura di massa, smentendo così queste affermazioni di esclusione da parte della destra. Infatti la cultura non dovrebbe essere considerata solo come il prodotto di un'élite intellettuale ristretta, ma piuttosto come un insieme di attività e soggetti molto eterogenei che contribuiscono alla produzione di idee, sentimenti e valori su vari livelli. La cultura è un tessuto sociale complesso che abbraccia una vasta gamma di contributi provenienti da diverse sfere della società. E comunque, se egemonia di sinistra c'è stata, anche e soprattutto in termini di occupazione di posti nelle case editrici e nelle redazioni dei giornali, resta un fatto: quando una cultura è feconda, riesce a emergere, anche se oppressa. Dunque poche lagne.

Ed è certo legittimo voler modificare una situazione in cui si ritiene che la cultura di sinistra sia più forte e rappresentata, ma – ammesso che questo presupposto sia del tutto vero – ci vorrebbe per esempio un'idea della storia nazionale che andasse oltre l'ovvia proclamazione – come recitava uno striscione alla kermesse per i dieci anni di FdI che ci è capitato di leggere – del proprio «amore per l'Italia». E in ogni caso oggi la destra tutto può dire, tranne di essere oppressa.

Sicché alla fine la questione dell'egemonia culturale, e della lotta per accaparrarsela, è alquanto pittoresca. Nonché vecchia. Il 20 marzo 1954 fu il governo Scelba, con un comunicato, a consacrare di fatto il «problema» di quell'egemonia culturale della sinistra destinata poi, nei decenni, a divenire senso comune a destra. «Il Messaggero», ai tempi, pubblicò quel famoso comunicato su cinque colonne in prima pagina, con questo titolo: *Il governo ha affrontato il problema di una efficiente difesa della democrazia.* Si trattava del problema dei sostegni finanziari al Pci provenienti dall'estero. E l'ambiente del cinema – dunque quello della cultura – veniva indicato come l'area in cui era persino più evidente che altrove il dominio di una visione del mondo modellata sull'ideologia marxista, quindi ponte per un'opera di persuasione occulta da contrastare con misure di tipo economico e politico. Cito il passo essenziale del comunicato: «I quadri del cinema italiano sono costituiti in buona parte da comunisti. Su quattordici principali registi cinematografici, quattro sono dichiaratamente comunisti, e cioè Visconti, Monicelli, De Santis e Lizzani, mentre altri quattro, ossia, De Sica, Germi, Lattuada e Antonioni, sono simpatizzanti per i partiti di estrema sinistra». Dunque: basta con l'egemonia culturale della sinistra! Nel 1954. Ne è passato di tempo, ma le parole sono ancora, sempre, quelle.

Il discorso sulla cultura di destra fu poi recuperato anche all'epoca della «svolta di Fiuggi», nel 1995, in alternativa all'egemonia del vecchio secolo. E oggi, come allora, viene tirato in ballo prima ancora di capire cosa ci sia dentro, a questa cultura di destra (Carducci? Tolkien? Evola? Pier Francesco Pingitore? Pino Insegno? Il nulla?). E chi lo sa? Si comincia con l'intenzione di fare «cultura» e si finisce nella commedia più sbracata: ogni qualvolta un partito ha cercato di costruire, riplasmare, ridisegnare una sorta di egemonia culturale, è finita in barzelletta. Umberto Bossi, nei primi anni Duemila, pretese dalla Rai, che a quei tempi s'era dipinta di verde padano, un film su Alberto da Giussano e Federico Barbarossa. I leghisti di governo erano tutti orgogliosi che finalmente la Rai riscrivesse, o meglio scarabocchiasse, la storia come voleva il catechismo del Sole delle Alpi. Finì con una media di settanta spettatori a sala. Un flop e un pasticcio: l'intenzione grottesca di fare una fiction di partito. Il rischio del ridicolo, in questo genere di operazioni, è sempre dietro l'angolo, appunto.

Durante la campagna elettorale, Giorgia Meloni ha sovente discusso della necessità di sovvertire l'attuale «egemonia culturale» della sinistra, che si è trasformata in un mero «controllo politico». Quindi, per la presidente del Consiglio, uno dei principali pilastri del governo è divenuto il ministro della Cultura, Gennaro Sangiuliano. Quest'ultimo è stato incaricato di promuovere una rivoluzione culturale conservatrice.

Il primo passo verso l'«operazione egemonia» è stato un viaggio a Napoli, città natale del ministro. Durante la visita, Sangiuliano aveva deciso di fare tappa presso la casa di Benedetto Croce, riconosciuto come «il più grande filosofo italiano del Novecento», in occasione del centenario della marcia su Roma. «Per questo io sono qui oggi» diceva Sangiuliano, «perché Croce fu il promotore del *Manifesto degli intellettuali antifascisti*, ma fu anche profondo anticomunista e polemizzò duramente con Togliatti. Secondo me, e forse non tutti saranno d'accordo, Croce è anche un testimone del pensiero liberal conservatore, e io sono un conservatore universalmente noto.» Da quel momento in poi, Sangiuliano, giornalista «esperto» di pensiero politico e biografo di numerosi leader, tra cui Vladimir Putin, si è dedicato a costruire il pantheon intellettuale dell'ala conservatrice di Meloni. Tuttavia, sin da subito, ascoltandolo e osservandolo, si è avvertito il rischio che la fusione tra l'eredità missina, don Benedetto, Giuseppe Prezzolini, Giovanni Gentile, Edmund Burke e Filippo Tommaso Marinetti potesse somigliare più a un miscuglio conservatore che a un autentico pantheon. Una grande chiesa che va da Machiavelli a Madre Teresa, per dirla con Jovanotti.

La complessa operazione culturale fusionista di Sangiuliano era già diventata evidente in un momento specifico del suo intervento alla Conferenza programmatica di Fratelli d'Italia a Milano nell'aprile del 2022. Assai prima della nomina a ministro. In quell'occasione, Sangiuliano, all'epoca direttore del Tg2, era stato invitato a tenere una breve presentazione sul tema «Cosa significa essere conservatori nella storia del pensiero italiano e mondiale». Il compito in sé era proibitivo. Ma i soli sei minuti a disposizione condussero a qualche simpatica sbandata, per così dire. «Il conservatorismo» disse Sangiuliano «nasce in Svizzera, quando nella Perly Monty Society [sic!] si ritrovano persone come Von Hayek e Von Mises, due ebrei austriaci che scapparono dalle persecuzioni razziali negli Stati Uniti e crearono la Scuola economica di Chicago.» Ecco. La «Perly Monty Society», ovviamente, come ricordò subito Luciano Capone sul «Foglio», è la Mont Pelerin Society, che difficilmente può essere indicata come la culla del conservatorismo, non fosse altro perché è stata fondata solo nel 1947. Ma soprattutto perché è stato un cenacolo intellettuale liberale, più che conservatore. Scriveva Capone: «Lo stesso Friedrich von Hayek, che non ha fondato la Scuola di Chicago, si riteneva un liberale classico ed è davvero arduo indicarlo come fondatore del conservatorismo, anche perché nella sua opera politica fondamentale, *The Constitution of Liberty*, scrisse in appendice un saggio che lascia pochi spazi a dubbi e interpretazioni, a partire dal titolo: *Perché non sono un conservatore*. Ciò che all'economista e intellettuale austriaco non piaceva dei conservatori, scriveva nel saggio, "è la paura del cambiamento"». Finora la questione, insieme a una particolare propensione all'eco disorientante di nomi e dottrine, è emersa esclusivamente attraverso il lamento («ci tengono ai margini») immediatamente seguito dall'esasperato entusiasmo di coloro che hanno aspettato per decenni e ora si affrettano a prendere quanto possibile, accaparrando ed etichettando, riorientando e sostituendo, con una foga che forse rivela il timore di un traumatico risveglio. Non il miglior modo per lasciare qualcosa di stabile, qualcosa che non sia effimero, episodico, legato a una coincidenza elettorale.

Nei mesi che hanno preceduto la vittoria elettorale di Meloni del 2022, e nelle settimane successive che hanno condotto alla formazione dell'esecutivo, noi giornalisti abbiamo visto il personale politico della destra, i simpatizzanti nel mondo del teatro, della televisione e del cinema, discutere come se ancora governasse la sinistra. Li abbiamo visti ripetere che la loro opera è ostracizzata, li abbiamo sentiti inveire contro Dario Franceschini che è stato ministro della Cultura per il centrosinistra, li abbiamo ascoltati ripetere che «d'ora in avanti è necessario costruire un nuovo racconto». Una nuova egemonia. Un nuovo immaginario, anzi. «Nuovo immaginario» è l'espressione usata assai spesso dal ministro Sangiuliano, che ogni volta che parla riesce a elencare tutti i classici della cultura mondiale («Mi piace citare il *Prometeo incatenato*, ma anche il mito della caverna di Platone. Ma voglio ricordare anche la tesi, l'antitesi e la sintesi di Hegel. E ora, se consentite, tornerei a Norberto Bobbio...»).

Nuovo immaginario, dunque. Questa è l'espressione che si accompagna alla parola «egemonia». Ma che vuol dire? A piazza del Popolo, a Roma, da circa dieci anni Fratelli d'Italia organizza la sua kermesse, la sua festa, chiamata Atreju. Solo che una cosa è farla da eretici, un'altra da partito che esprime il presidente del Consiglio. Giampaolo Rossi, per fare un esempio, l'attuale direttore generale della Rai, una volta ha ricordato a Carmelo Caruso del «Foglio» che questo «miracolo», cioè la festa di Atreju, è stato possibile grazie a «un manipolo di coraggiosi». Ebbene, lui parlava ancora di miracolo. Mentre governava la Rai. Mentre nominava i direttori dell'informazione televisiva, del cinema e della fiction. Miracolo. È come se ne volessero un altro, di miracolo. Ma cosa resta dopo il governo? Quale altro «miracolo» si deve compiere per sentirsi finalmente adulti? Per sentirsi finalmente nella posizione di chi prende le decisioni e non soltanto le subisce? L'impressione è che siano tutti ancora convinti di vivere nelle catacombe. E invece siedono al ministero, accedono alle trasmissioni, guidano le biblioteche centrali e gli Archivi di Stato, ma è sempre colpa di Franceschini, di Veltroni, di Prodi, del Pd e della sinistra gramsciana. Qualcuno lo ha giustamente scritto: ma finitela di cercare un Fazio di destra! D'altra parte la cosiddetta egemonia culturale è finita, o si è travestita così bene che è impossibile riconoscerla. L'epoca delle avanguardie storiche, degli scandali artistici, che fu il tempo della guerra civile tra visioni politiche contrapposte, in Occidente si è esaurita con il Novecento. E, tutto sommato, per fortuna. Oggi il rapporto tra intellettuali e politica, il vecchio modello dell'egemonia gramsciana, è venuto meno anche a sinistra, e a destra invece cominciano a cercarlo, per giunta coltivando un singolare spirito di rivalsa. È un errore, doppiamente grottesco. Paradossale. Una svista pericolosa. Senza voler qui eccedere nella psicoanalisi, è come se una parte del personale politico di destra soffrisse la risonanza esistente tra cultura pop, da Checco Zalone alla *Zanzara*, e la parola «destra», appunto. Come se ciò fosse degradante o confermasse i pregiudizi della sinistra che ha sempre additato il mondo della destra, compreso il suo elettorato, come arretrato e incolto, composto da barbari ed evasori fiscali, descritto insomma come l'espressione dell'Italia peggiore. Una tara in realtà superata, ormai, benché riemerga continuamente nei pensieri, nelle azioni e nelle parole del ceto politico della destra italiana.

Si spiega anche così, dunque, l'ansia di voler creare quell'«egemonia culturale» di destra che non solo non serve a niente, non solo è fuori tempo massimo, ma è persino contraria all'indole degli uomini, e degli elettori, della destra stessa. Secondo Marcello Veneziani – una considerazione che, a mio parere, vale ancora oggi – costruire una «contro-egemonia culturale» è sbagliato, perché l'elettorato della destra, a differenza di quello della sinistra, non ama i professori e gli intellettuali. Sembra la conferma di un giudizio di ignoranza sulla *constituency* moderata, ma è qualcosa di un po' più profondo in realtà. Il tratto specifico di una cultura di destra, infatti, è la non militanza, la non politicità: la sinistra vuole un mondo migliore, la destra no; non ha l'ambizione di cambiare la natura umana. All'utopia preferisce il realismo, una dichiarazione d'intenti citata anche da Meloni nella sua autobiografia, *Io sono Giorgia*. La smania di politicizzare autori come Dante e Manzoni, la corsa per i posti e gli spazi alle manifestazioni culturali controllate dai progressisti, la balzana idea di fondare una nuova egemonia culturale con gli stessi strumenti della sinistra sono tutti segnali poco confortanti, seppur legittimi e comprensibili. Ma la destra probabilmente dovrebbe fare i conti con la storia, e cioè con il fatto che una tradizione conservatrice in Italia non è mai esistita, che la destra politica è stata un elemento ultraminoritario per quasi cinquant'anni e che quindi pensare di render oggi la pariglia alla sinistra non soltanto sarebbe un'impresa improbabile, ma forse nemmeno troppo apprezzata dagli stessi elettori della destra.

Sarebbe dunque il momento di separare politica e cultura, liberando quest'ultima da decenni di egemonismo gramsciano che l'hanno imbrigliata, ma non replicando e imitando metodi altrui, per giunta fuori dalla storia e dalla contemporaneità: questa sì sarebbe una mossa concreta, invece di limitarsi a sostituire in maniera goffa una casta con un'altra.

Certo, è vero, il centrosinistra ha coltivato per decenni rapporti organici con l'establishment italiano, culturale e non; hanno più contatti, ma – diciamocelo francamente – un partito di governo ha la possibilità di incontrare e scegliere i migliori, nella cultura come in tutti i campi, per un fatto semplicissimo: proprio perché è al governo. E al governo oggi c'è la destra.

Finora – bisogna dirlo – non è andata benissimo. Basterebbe, tanto per cominciare, osservare la mappa delle roccaforti culturali già da tempo acquisite dalla destra nelle Regioni, dove gli assessorati alla Cultura sono assegnati a medici estetici (Lazio), avvocati civilisti (Lombardia, Veneto), dirigenti d'azienda (Abruzzo), graduati dell'esercito (Sicilia), imprenditori del settore orafo (Piemonte) o addirittura non ci sono proprio (Basilicata), tanto che viene da chiedersi come mai l'urgentissima questione dell'egemonia non abbia trovato spazio dove la destra governa da un bel pezzo e perché in quei ruoli non ci siano operatori culturali, visionari, organizzatori di festival, e mai sia emerso né un genialoide alla Renato Nicolini né un intellettuale innovatore alla Gianni Borgna. Anzi, quando un intellettuale c'era, Umberto Croppi, primo assessore alla Cultura della giunta di Gianni Alemanno a Roma, lo si sostituì in fretta con un democristiano che si chiamava Dino Gasperini.

Ma adesso la destra è al governo nazionale, dicevamo. La possibilità di circondarsi di personaggi di peso e di indiscutibili competenze oggi è nelle mani di Giorgia Meloni, non di Elly Schlein. E allora, verrebbe da dire: forza. Meno lamentele, meno recriminazioni, meno filastrocche sull'egemonia da riconquistare. E più capacità di attrarre i migliori, di aprire le porte a intelligenze che non si sono ancora avvicinate.

Marsilio NODI

Antonello Caporale

Destra, sinistra e viceversa

Catalogo breve delle virtù nascoste dei progressisti

Marsilio NODI

Prima edizione: marzo 2024
ISBN 978-88-297-8897-2
www.marsilioeditori.it
Realizzazione editoriale: Studio editoriale Littera, Rescaldina (MI)

Stampato da
Grafica Veneta S.p.A., Trebaseleghe (PD)
per conto di Marsilio Editori® in Venezia

EDIZIONE

10 9 8 7 6 5 4 3 2 1

ANNO

2028 2027 2026 2025 2024

Indice

«Destra o sinistra per me pari sono» è il titolo di apertura di chi si aspetta dalla politica null'altro che cose fatte male, decisioni ingiuste, arricchimenti più o meno illeciti, provvedimenti più o meno clientelari.

Resiste l'idea che in fondo destra e sinistra siano residui di speranze vane, sogni mai realizzati, certezze punite e illusioni perdute.

Questo modo di dire rappresenta insomma il pilastro verbale della lunga stagione dell'afasia, della scontentezza, dell'idea rancorosa che noi, cioè la gente, siamo sempre migliori di loro, cioè gli eletti; che i cattivi sono tutti di là, cioè in Parlamento, e i buoni di qua, nel popolo sovrano. Una stagione figlia anche delle responsabilità, delle omissioni, dei tradimenti della fiducia popolare, della caduta verticale di reputazione della classe dirigente.

Questa convinzione rende quindi estranea al dibattito pubblico qualunque passione ed esprime il ripudio a volte persino della logica, essendo divenuto il voto, la scelta di affidarsi all'uno piuttosto che all'altro, l'esito di una decisione sempre negoziabile, provvisoria e revocabile.

In questo libro invece destra e sinistra, apparentemente unite sotto lo stesso tetto, sono poste agli antipodi, anzi capovolte a rendere esatta la distanza dell'una rispetto all'altra.

Ogni democrazia avrebbe bisogno (e così oggi purtroppo non è) di una sinistra progressista, riformista, anche radicale nelle sue scelte, e di una destra liberale e aperta al mondo, consapevolmente conservatrice, rigorosa nei suoi riferimenti costituzionali.

Destra e sinistra le trovate qui capovolte perché vogliamo sia chiaro che il filo logico, pur partendo dalla medesima premessa, segue strade che mai s'incrociano per giungere però alla meta condivisa: il buon governo.

Abbiamo tentato di indicare quel che ci aspetteremmo dalla destra e dalla sinistra, l'una oggi al governo e l'altra all'opposizione. E abbiamo segnato, come fosse un bloc notes, quel che immaginiamo debbano realizzare: le decisioni da prendere, il programma da attuare. Vorremmo infatti che si mostrassero per quel che sono davvero, illustrassero finalmente la loro idea di società, la loro idea del bene comune, il valore che danno all'equità, al merito, alla libertà di ciascuno di affrontare la vita secondo il proprio talento.

Vorremmo infine che destra e sinistra non pensassero più di nascondere il proprio volto e tradire le speranze nella convinzione che la politica sia solo mestiere e non passione.

Antonello Caporale
Salvatore Merlo

Riaccendere il fuoco della passione

Cosa potrebbe accadere, quale fuoco di idee, di proposte, anche di polemiche accenderebbe utilmente la discussione pubblica, quante energie si metterebbero in moto, se la sinistra, i progressisti, e con loro i 5 Stelle e anche i cosiddetti liberal, offrissero una chance all'altra Italia, un'occasione a tutti coloro che l'hanno ormai persa o non l'hanno mai avuta?

I progressisti quante volte hanno pensato per esempio al destino degli ultimi? Ecco la domanda e insieme il dilemma.

E quante volte la sinistra ha creduto che pensando agli ultimi avrebbe offerto una risposta anche ai più fortunati, a chi non ha bisogno di fuggire dalla propria città, ma ha solo necessità di vedere riconosciuto il proprio talento?

Possono i diritti civili, le conquiste di libertà, di civiltà, godere di una sorta di terza posizione, di una corsia preferenziale, di un impegno straordinario rispetto ad altre battaglie – penso a quelle per il lavoro e per le pari opportunità, per la salute e il merito – che non sono state perseguite con l'auspicata fermezza e infatti non sono state coronate dal successo?

E infine: perché mai non cogliere nella loro enorme sug-

gestione quelle che Albert O. Hirschman, uno dei più grandi economisti e pensatori occidentali, chiamava *petites idées*, le osservazioni minute anziché i grandi quadri teorici, lo sguardo sul dettaglio invece che alla maestosa cornice, che comunque avrebbero aiutato tutti ad affrontare i problemi più generali?

Sarebbe bello se i progressisti mettessero l'Italia davanti allo specchio e dicessero: ecco come vorrei cambiarti.

Col tempo invece la sinistra – da intendersi qui nell'accezione più ampia – ha abbandonato i luoghi del cuore. Salutate prima le grandi fabbriche, poi le periferie, infine i territori *tout court*, si è giunti all'idea che, con internet, anche le sezioni – anzi «i circoli», come sono stati rinominati – fossero inutile orpello, fastidio organizzativo o, peggio, nuclei irredentisti sparsi, combriccole sfiancate dal tempo e dagli eterni oppositori interni.

L'abbandono delle aree del disagio sociale, insediamento originario della sinistra storica, è poi coinciso con la trasformazione del partito da organizzazione che guidava la piazza, gestiva i movimenti culturali, dominava il sistema mediatico, a struttura paraministeriale, immobile, stanziale, neutrale. Tanti doppiopetti, tante cravatte e poco altro. Insomma: il partito dell'establishment. E che dire dei 5 Stelle, che hanno lasciato spegnere il fuoco della passione dei meet up, le comunità virtuali e digitali grazie alle quali il movimento ha scalato le posizioni fino a giungere a Palazzo Chigi?

La sinistra ha perduto persino il sorriso, la voglia e il piacere di adoperare la levità nel discorso pubblico. Eppure è stata fucina di una comicità di successo, sempre irriverente, pronta a utilizzare il sarcasmo come collante della propria comunità che sapeva riconoscere i difetti della casa scherzandoci sopra, addirittura costruendo figure narrative straordinarie e iconiche, co-

me il Tafazzi, personaggio televisivo autolesionista per antonomasia, nato dalla fantasia del trio Aldo, Giovanni e Giacomo, da cui il «tafazzismo», emblema del masochismo in politica.

Noi di sinistra, quella storica e quella movimentista, quella classica e quella riformista, viviamo la crisi come i meteoropatici a cui le nuvole improvvise portano il mal di testa, quelli che sentono il clima mutare e patiscono fitte alle articolazioni quando cala l'umidità, sperimentano l'angoscia della pioggia in arrivo, della tramontana capricciosa, oppure affogano nella tristezza per via dello scirocco.

Ogni volta che si avvicina la data del voto, noi elettori apolidi senza più una bandiera (figurarsi un partito!), infatti, ci facciamo prendere da crisi esistenziali, figlie del disturbo affettivo oramai sedimentato. Siamo talmente sensibili a ogni folata elettorale, anche la più modesta, che ormai ci disturba persino partecipare alle votazioni per il rinnovo del consiglio di quartiere, e questo rende bene la misura della nostra frustrazione.

Personalmente ho addirittura avvertito una sorta di chiamata in correità, per esempio quando, qualche anno fa, i parlamentari dai quali un tempo mi sentivo rappresentato hanno iniziato a polverizzare i nomi da candidare al Quirinale.

È certamente una patologia grave quella di cui soffro, perché mi sento parte in causa quando davvero non posso esserlo e responsabile anche laddove, per mia fortuna, resto anonimo spettatore. Eppure – è sempre la stessa storia – una lieve nausea si aggiunge ai dolori di rito. La ragione è presto detta: mi imbarazza la figuraccia altrui che purtroppo patisco anch'io.

«Quando abbiamo smesso di capire il mondo?», per citare il titolo di un grande libro di Benjamín Labatut.

Una vicenda emblematica su tutte: l'elezione del nuovo in-

quilino del Quirinale. Era il 2013 e il Pd rifiutò di votare Stefano Rodotà come presidente della Repubblica. Non c'era ragione per bocciare una personalità così limpida e autorevole, e neanche il fatto che questa proposta fosse venuta dai grillini – a quel tempo feroci competitori del Pd –, magari con intenti provocatori, poteva ritenersi sufficiente a rigettare una figura tanto prestigiosa. Da chi altri avremmo potuto aspettarci un eloquio così nitido e delle prese di posizione risolute, persino radicali? La scelta di non sostenere Rodotà non fu certo figlia di un giudizio di merito sulle qualità dell'uomo politico e sulla reputazione del giurista, ma motivata dal fatto che la proposta arrivava dai 5 Stelle e assecondarla avrebbe significato dare luce e visibilità al movimento. Una decisione più che comprensibile per chi frequenta il Palazzo, ma assolutamente lontana dalla logica di chi vive la piazza e vota a sinistra, di chi quindi confida che le sigle progressiste trovino un'intesa, specie quando la posta in palio è così alta.

Ecco spiegato, allora, il sordo dolore che accompagna me come migliaia di elettori senza più bandiera ogni volta che la speranza di ritrovare il partito che vagheggiamo viene resa vana dallo stile rinnovato della «casa madre».

Non sono quasi mai riuscito a votare il Pd. Temo che quel partito sia legno nato storto e, lo dico con dispiacere, sospetto che non diverrà mai tronco dritto; al contrario, il vento lo trascinerà a terra prima ancora che i rami possano protendersi verso l'alto.

L'apolidia, la sofferenza acuta e continua di non avere campo politico di cui sentirsi inquilino, produce qualcosa che ha a che fare con il trauma da pentitismo. Alla fine ci sentiamo noi quelli sbagliati, non chi non ci ascolta; noi colpevoli di non aver dato fiducia alle loro camarille, non quelli che non han-

no nessuna voglia di rappresentarci e nemmeno ci riconoscono, nel senso che non immaginano di vederci dalla loro parte. E poi: quale parte?

Viviamo una realtà capovolta: vuoi vedere che siamo noi quelli da condannare?

Piano piano, per esempio, si fa strada l'idea che non si possa passare la vita a rifiutare il voto, indicare il bene e il male dal salotto di casa e magari battagliare in tristi ospitate televisive.

Non si può far finta di niente.

Le elezioni politiche del 2022, quelle in cui la destra ha trionfato, sono l'esito di un'egemonia coltivata e portata al successo o piuttosto figlia di un voto contro la sinistra, contro il Pd? È stata Giorgia Meloni a vincerle o sono stati gli altri a fare di tutto per perderle? Perché il dubbio è che il centrosinistra – conquistato dalla moda governista (sempre e per sempre al potere) –, così tanto ripiegato sulle poltrone da averci lasciato la faccia, non avesse più la forza di tenersele strette e avesse scelto di rinunciare a una sorta di accanimento terapeutico. Ha iniziato la campagna elettorale sapendo di perdere le elezioni e ha convinto gli elettori che le avrebbe perse. Come se non aspettasse altro che arrendersi e sparire. A luglio, meno di due mesi prima del voto, i sondaggi davano infatti ancora Fratelli d'Italia e Partito democratico appaiati al 23 per cento. Solo un abbandono del campo, la scelta della ritirata preventiva – dopo una gestione disastrosa e con tratti distintamente comici delle alleanze siglate e poi rimosse, dei baci e degli abbracci dati e rinnegati, come la scena pittoresca in cui Carlo Calenda, l'alleato per qualche ora, suggella l'intesa con Enrico Letta, il segretario del Pd, e immediatamente la revoca – poteva generare una simile débâcle. In poco più di quaranta giorni di campagna elettorale, quel che rimane della coali-

zione di centrosinistra si dissolve, frantumata e perduta tra chi dice di portare la voce e chi la croce. E così l'harakiri, il suicidio di massa, la scelta di consegnarsi all'avversario è divenuta un fatto, per quanto singolare, indiscutibile. Il centrosinistra è finito nebulizzato: vapore acqueo e nulla più.

Quel che resta come l'insoluto deposito della mia apolidia è questa insopportabile postura del centrosinistra di fronte ai problemi: l'astenia cronica a indicare una soluzione, sia pure minima e fragile; la rinuncia a prospettare un orizzonte dentro cui far vivere il lume di una qualche passione, che rimane una condizione indispensabile per dare fiducia e gambe all'idea di cambiare in meglio la società; infine l'incapacità di sorridere al futuro, di rendere da ottimisti la nostra testimonianza nella vita. Non si comportano come noi spereremmo, non ingaggiano le battaglie che a noi sembrano essenziali, non cacciano dal tempio i mercanti. Anzi, spesso sono i mercanti a venire ingaggiati, sono loro a trovar posto nel nostro campo!

Il mio problema, come credo quello di chiunque si senta di sinistra, è di avere abbastanza chiara la ragione per la quale i progressisti sono usciti di scena e altrettanto chiara l'idea che però possano rientrarvi. Perciò avanzerò non solo le domande sui motivi di alcune scelte in luogo di altre, ma tenterò di fornire un elenco di strade – in una sorta di nuova toponomastica della sinistra – che paiono incredibilmente dimenticate, oppure opzioni disertate o questioni accantonate. Proposizioni pratiche per fare meglio o solo per sbagliare di meno, per ritrovare la voglia e magari l'orgoglio di cambiare passo e svoltare finalmente a sinistra.

Una e indivisibile

Altro che gabbie salariali, altro che Nord e Sud. La questione è tener viva l'Italia del Nord e del Sud. Significa tener vive le montagne, custodire i boschi, attrezzare i canali di scolo, monitorare i corsi d'acqua, consolidare i pendii franosi e così via.

Tra meno di trent'anni l'Italia perderà quattro milioni e mezzo di residenti e – quel che più conta – la fascia di popolazione con un'età inferiore ai trentacinque anni si assottiglierà ulteriormente. Tre milioni e settecentomila giovani in meno. È il risultato della denatalità, un fenomeno che corrode e asciuga tutte le società occidentali, e tra queste colpisce in modo più cruento l'Italia, per via della fuga massiccia verso l'estero delle giovani generazioni. Solo il Mezzogiorno ha già perso più di ottocentomila giovani, la linfa vitale del Sud che si è arresa davanti all'inoppugnabile condizione che la realtà le poneva di fronte: lavori spesso precari e sistematicamente sottopagati e una vita divenuta così insostenibile da far ripiegare verso l'altrove. Altre paghe e altri modi di gestire la propria esistenza.

Ecco, i progressisti devono imporre al Parlamento di fare i conti con questa emergenza sociale, questo buco nero che infliggerà alla nostra economia danni irreparabili, producendo vuoti nell'industria e nei servizi che già oggi potrebbero, e dovrebbero, essere stimati e valutati nella loro gravità.

Come sostituiremo la moltitudine di italiani che scomparirà? Quali operai prenderanno il posto di coloro che in fabbrica non faranno più parte della catena di montaggio? E i quadri, i dirigenti, le donne e gli uomini impegnati nei servizi essenziali? Se è difficile dare una risposta, è indispensabile iniziare ad affrontare la questione e capire quale relazione si debba avere con i Paesi che offrono il cosiddetto «capitale umano».

L'Africa e l'Asia sono i due grandi continenti che spingono contro le pareti dell'Occidente, lo pressano ai fianchi senza che esso sia in grado di offrire una risposta, compiere una scelta strategica. Oltre alla richiesta alla Turchia a est e a Libia e Tunisia a sud di fare da secondini in cambio di sostanziosi contributi, cosa ha pianificato l'Unione europea? Ha chiesto di bloccare il flusso dei migranti, chiudendoli in recinti che assomigliano a prigioni e a tendopoli affamate e popolate da questo universo di nuovi miserabili. Spendiamo miliardi di euro in queste operazioni (chiamiamole delegate) di polizia internazionale. Ma quanti soldi, e con quali politiche di cooperazione e sviluppo, sono stati invece destinati alla crescita economica e civile di quelle parti di mondo? E quanti di coloro che oggi non sappiamo dove mettere domani rappresenteranno per noi il capitale umano indispensabile per tenere aperte le fabbriche, le scuole, gli ospedali e per potenziare gli altri servizi?

Il mondo è già cambiato. Le risposte che gli italiani hanno

dato al Censis nel 2023 sono rilevantissime per la novità che esprimono. Per l'87,3 per cento degli intervistati non è più il lavoro il centro della propria vita. Quasi il 95 per cento considera invece prioritario il raggiungimento della felicità nelle piccole cose di ogni giorno. Si apre un'altra dimensione, iniziano a scorrere le lancette di un orologio biologico che ci condurrà sempre più lontano dai ritmi della fabbrica, dai tempi serrati delle metropoli, dagli insediamenti urbani dispersivi.

Con la pandemia abbiamo scoperto anche lo smart working, il lavoro a distanza.

Saremo forse meno ricchi, ma decisi a cercare un altro modo di vivere e di costruire il futuro, lasciandoci alle spalle le paure che ci attanagliano. L'84 per cento degli italiani infatti teme il clima impazzito; quasi il 70 per cento è addirittura convinto che tra non molto non tutti potranno curarsi perché il welfare, il sistema di assistenza sociale, salterà e ci ritroveremo davanti alla prospettiva di un domani incerto che quasi spegne ogni speranza. Siamo drammaticamente prossimi al «si salvi chi può», al punto in cui si concretizza la società diseguale che dal suo seno espelle quelli che non sono in grado di raggiungere almeno il livello della povertà assistita: chi con la pensione sociale, chi con l'indennità per l'invalidità civile oppure quella per la cassa integrazione.

Già oggi, patiamo, nel cerchio ambito delle metropoli e delle città più popolate dello Stivale, crisi sistemiche dovute a quel troppo di vita che si affolla: abitazioni introvabili, affitti troppo cari, salute affidata alla prova diabolica del passaggio con successo dalla corsia del pronto soccorso. Di figli, neanche a parlarne: baby-sitter troppo costose, asili nido troppo scarsi, nonni troppo lontani; l'ospedale come unica alternativa, se il medico di famiglia non risponde al telefo-

no – e succede sempre più spesso – oppure se ci ammaliamo nel weekend.

Ecco ciò che mi piacerebbe facesse la coalizione a cui consegnare il voto e la fiducia. Che contasse, cioè, di quante Italie è fatta l'Italia. E ci dicesse quanta Italia c'è appena oltre la nostra vista, lungo i calanchi lucani, i pendii marchigiani, le colline toscane, tra le fiancate delle montagne d'Abruzzo o di quelle della Calabria, e ci spiegasse come fare per riscattarla, renderla disponibile ai nuovi bisogni e decisiva per le nuove opportunità prodotte dal tempo cambiato. L'Italia interna sconfitta dal mare alle cui rive prende vita, invece, il corso urbano delle città cannibali, quasi sempre imbruttite da conurbazioni sudicie di cemento, e parapetti violati, vialoni bucati, alberi rinsecchiti, piazzali dimenticati. E discount. Il mondo del «tre per due», cataste di prodotti per la terza fila della società: «Ali di pollo in offertissima!».

Slarghi, rotonde, semafori, auto in fila indiana, e poi palazzi, palazzi e ancora palazzi. Come sia stato possibile, e purtroppo lo sia tuttora, che la sinistra abbia perso di vista l'altra Italia fino a smarrirla, pur abitandola, è un mistero glorioso. La grande, maestosa provincia illustrata dalla penna di Johann Wolfgang Goethe nel suo settecentesco Grand Tour e poi il resoconto floridissimo del *Viaggio in Italia* che Guido Piovene darà alle stampe negli anni della ricostruzione postbellica. Piovene infatti visitò l'Italia dal 1953 al 1956 e nel 1957 pubblicò questo reportage del quale Montanelli scrisse che avrebbe dovuto essere reso «lettura obbligatoria nelle scuole».

Eppure nessuno, a oggi, ha trovato il modo di scoprire politicamente il grande tesoro di opportunità e di civiltà che la provincia ci riserva, un infinito serbatoio di occasioni di lavo-

ro e di saperi, dopo che la grande emigrazione della seconda metà del Novecento l'ha ripudiata, immaginando altrove un futuro che oggi è lì dove la terra era data per morta, le campagne per irrecuperabili. Solo i cimiteri erano da salvare.

È certo che ciò che ieri era destinato a soccombere, ora prende nuova vita. Le terre morte resuscitano, e così le case. Oggi queste nostre terre ripudiate rappresentano – se sapremo essere ottimisti e anche un po' visionari – un enorme e naturale ammortizzatore sociale.

Nell'altra Italia, quella che abbiamo dimenticato, è censito il 69 per cento dei comuni, la metà dei quali (esattamente il 45 per cento) ha una popolazione che va da mille a tremila abitanti. Il 33 per cento di questi borghi, invece, non raggiunge la soglia dei mille residenti.

Le case, dunque, aspettano che qualcuno le abiti.

Del resto, lungo la colonna vertebrale del Paese, la catena appenninica, il cuore della provincia interna e nascosta ospita il 17 per cento della popolazione, dieci milioni in tutto. Il resto è ammassato verso il mare o infilato nell'intestino metropolitano delle pianure del Nord, fino quasi a soffocarlo.

Per poter immaginare che si riaprano gli asili e che le scuole, anche nei piccoli borghi, diventino strutture di comunità, serve rendere appetibile risiedervi e possibile trasferirvisi. I trasporti e i servizi essenziali – l'istruzione e la salute – prima di ogni altra considerazione.

Serve proporre un'idea innovativa di scuola, di un luogo in cui il pomeriggio, dopo le lezioni, tutta la comunità si ritrovi e ne divenga il motore.

Riunire bambini e ragazzi, dalla materna alla media inferiore, in un unico plesso, infatti, significa anzitutto far conoscere e riconoscere la comunità nella sua speranza viva: i figli che

la abiteranno in futuro. Procurare loro un luogo comune vuol dire assecondare l'ambizione che si possa costruire un sentimento di coesione, l'opposto della dispersione, e, attraverso i bambini, far convergere i cittadini adulti attorno e dentro un luogo, uno spazio fisico.

Serve una scuola dotata della strumentazione tecnologica che possa farne un'eccellenza, anche attraverso l'offerta di spazi destinati all'approfondimento e alla specializzazione tematica, nella convinzione che il sapere, fin dalla giovane età, è di sicuro l'arma più potente per contrastare la regressione, l'abbandono. È dunque scuola, ma è anche comunità. È luogo aperto: la scuola, questa scuola, non chiude mai. Al mattino i ragazzi, al pomeriggio il resto degli abitanti. Diviene perno civico, centro sociale, luogo di scambio e approfondimento.

È il teatro comune, e anche il posto ideale per ritrovarsi a vedere un film, è la palestra che altrimenti non sarebbe possibile gestire e mille altri esempi di modularità, di sovrapposizione di soluzioni e di proposte.

La scuola, per la prima volta, diviene fiore all'occhiello, luogo del sapere e dell'appartenenza, dello studio e dello svago. Punto d'incontro dei bambini con gli adulti, motore di una identità condivisa, della volontà di restare dove si è nati e di accogliere chi invece sceglie di arrivarci da lontano.

La scuola di comunità, dunque, come un grande centro sociale e educativo, come il nuovo campanile, insieme al secondo perno civile: l'ospedale di comunità. Una struttura sanitaria sovracomunale che riesca a sostenere l'assistenza per chi ha bisogno di un'indagine specialistica, ma non necessariamente di un ricovero per interventi chirurgicamente complessi.

Azioni concrete per dissotterrare l'Italia interna, riconoscerla e offrire a milioni di italiani non solo un'opportunità di

vita, ma quello che appare come un vero e proprio «reddito di territorio»: l'aumento della capacità di spesa in ragione di un tenore di vita meno costoso.

L'Italia invisibile è lì che attende di essere rigenerata, riconvertita, restaurata. Attende di rinascere! È il polmone del Paese, l'area di compensazione e di ripristino di condizioni di vita sostenibili. È una naturale e complessa valvola di sfogo che costituisce il nuovo approdo per chi non può, non resiste o non ce la fa più a vivere tra le mura di città dai costi sempre più proibitivi, escludenti, marginalizzanti.

Vorrei che la mia coalizione – se esistesse una coalizione di progressisti – desse spazio e senso a questa seconda chance per chi è rimasto indietro e per chi ambisce a nuovi itinerari, nuove forme di gratificazione e modalità più rarefatte, magari più intriganti, di vita, una nuova opportunità per le ultime file della società e anche per quanti vogliono dare alla propria avventura una sterzata, un corso diverso.

Quanta gente, come ricorda il citato rapporto del Censis, è alla ricerca della felicità nelle piccole cose da porre al centro della propria esistenza? E tra queste, quanto grande è l'idea di affrontare la vita avendo altre priorità rispetto a quelle che abbiamo creduto indiscutibili come il lavoro e il ruolo sociale acquisito, il benessere economico e l'esito di una carriera faticosa ma sempre vincente?

Quante nuove occasioni dentro la corona dei piccoli centri urbani che costituiscono la cosiddetta «cintura», i borghi di prossimità, quelli più vicini e più attrezzati per accogliere chi volesse lasciare la città senza naturalmente abbandonare il lavoro?

Cosa accadrebbe, quale suggestione e quale discussione anche culturale e civile si aprirebbe nella società? Quanta ener-

gia creativa si renderebbe disponibile e potrebbe essere convogliata nel lavoro di recupero, restauro, rigenerazione urbana, riqualificazione rurale?

Penso a tutto questo e mi domando: quale nuova centralità avrebbe la sinistra se si facesse carico di illuminare ciò che oggi è buio e chiamasse i cittadini a immaginare quante vite sono nascoste in una e quante possibilità ci sarebbero per tanti di trovare un'altra condizione di lavoro, una sistemazione diversa, una nuova organizzazione della famiglia? Quanto ci guadagnerebbe un operaio? E quanto un pensionato, un professore, un artista? Sarebbe più agevole o più disperante la vita di una badante? E di uno studente fuori sede?

Se esiste il sentimento dei luoghi, se le pietre hanno vita e cuore e fanno emozionare, non è forse proprio questo sentimento che un movimento politico progressista deve saper coltivare? E questa battaglia non è la più potente e limpida testimonianza che anche la sinistra sa dire Patria e sa declinarla con azioni e parole nuove?

Ecco, sogno che la mia coalizione si impegni a offrire possibilità insperate a chi desidera e chiede, a chi ha bisogno, a chi non riesce a sostenere i costi della grande città.

Non potrebbe essere questa la più grande operazione di ripresa e rilancio dell'economia nazionale, il primo degli obiettivi dell'altrimenti disperante Pnrr, il cosiddetto Piano nazionale di ripresa e resilienza, un piano che ogni giorno che passa si dilata, poi si restringe, poi si corregge, infine si smarrisce?

Migliaia e migliaia di metri quadrati di vani disponibili, di abitazioni sfitte, di scuole chiuse, di ospedali sbarrati troverebbero così un nuovo destino, un'altra chance.

Non è già questa una grande questione nazionale? Non è questa – la ricucitura dell'Italia, la connessione tra l'Italia in-

terna e oggi depressa e vuota, e quella luccicante ma troppo piena – la sfida che dovrebbe lanciare chi indica il progresso come segno della propria identità? Non dovrebbe avviare una stagione di riforme del nostro sistema produttivo, del modo di abitare e di consumare il tempo, così da diventarne di nuovo padroni e non sudditi?

Reddito sì, ma di territorio

I 5 Stelle si sono battuti per il reddito di cittadinanza, ma intorno a questo nuovo modello di spesa sociale non hanno immaginato altro che una difesa strenua e di principio. Non hanno messo mano alle disfunzioni, alcune delle quali davvero gravi, che il sistema purtroppo sviluppava e agli effetti collaterali anche politicamente rilevanti, quasi impossibili da annullare, che una grande forma di distribuzione del reddito avrebbe generato. Così la misura di sostegno verso i fragili e la fascia più debole della società è diventata facile bersaglio del fuoco nemico. La pressoché totale assenza di controlli preventivi e la mancanza di una scrematura necessaria tra chi ne avrebbe avuto diritto e chi no hanno agevolato il cecchinaggio odioso di chi, specialmente da destra, verso i poveri elargisce la compassione parolaia e poco altro.

Tutto ciò ha lasciato scoperta e indifesa la radice di questa grande operazione politica distintamente di sinistra: dirottare cioè per la prima volta verso le classi meno abbienti una cifra significativa di spesa pubblica. Gli scandali che sono seguiti, alcuni veri altri finti, ora esatti ora gonfiati, ora fe-

delmente riferiti ora invece manipolati al fine di sostenere il controcanto spesso bugiardo delle opposizioni, coinvolgevano troppo spesso falsi poveri, disoccupati impigriti dalla frequentazione dei bar, nullafacenti di vario calibro. In più, l'assenza di un programma effettivo ed efficiente di reinserimento nel mondo del lavoro ha alimentato la campagna di restaurazione, puntualmente verificatasi appena è avvenuto il cambio di governo. Il Parlamento ha fatto i conti dei suoi nuovi numeri e la destra ha condotto in porto senza colpo ferire – anzi, temo, col favore della maggioranza dei cittadini – la soppressione del reddito di cittadinanza, intestandosi addirittura il carattere morale della decisione assunta. È la destra che ha deciso di spazzarlo via, ma qui i progressisti hanno svolto un'azione puramente difensiva, senza voglia né capacità di anticipare le contestazioni sulle devianze generate, che fossero pretestuose o davvero importanti, e senza avanzare per tempo proposte per introdurre correzioni indubbiamente necessarie. Quando si può ottenere il reddito, chi lo può richiedere, a quali condizioni e per quanto tempo? Quali sono, oltre alle sanzioni per chi bara, i controlli da predisporre affinché a nessuno venga voglia di farlo?

Eppure bastava che la sinistra alzasse gli occhi e avrebbe potuto proporre altri inediti sistemi di sostegno al reddito.

L'Italia nascosta rimessa a nuovo sarebbe potuta divenire una rete di opportunità naturali per i nuovi residenti, offrendo a chi avesse scelto di spostarsi dalla città alla campagna e ai piccoli paesi della provincia interna vantaggi competitivi di natura economica non trascurabili: il costo ridottissimo delle abitazioni, quello meno rilevante ma altrettanto significativo della spesa al mercato, per i trasporti e gli altri servizi, e infine il valore aggiunto del tempo ritrovato.

Si sarebbe potuto doppiare il reddito di cittadinanza ed esibire – se compiutamente valorizzato e organizzato – un vero reddito territoriale, nei fatti un «superminimo» in busta paga. La somma di tutti i risparmi che una fetta di Italia è in grado di generare e trasferire a chi la abita.

Aprire nuove strade, usare ogni mezzo e ogni fantasia per aggirare il dramma di un'economia strutturalmente recessiva, impoverita dal grande sistema della globalizzazione, l'idrovora che ha livellato verso il basso le condizioni salariali e operato nel mondo del lavoro la più imponente regressione economica.

Oggi siamo di fronte non solo alla povertà, intesa come assenza di ogni tutela e di ogni possibilità di generare reddito per tante migliaia di cittadini; siamo di fronte al lavoro povero, la triste novità di questo inizio secolo, che è ancora più sconfortante e terribilmente pericoloso: non solo il lavoro non affranca dal bisogno, ma è esso stesso dentro il recinto del bisogno. Per tanti il lavoro affama, ecco l'amara novità. Propone salari così bassi, un sostegno così tenue al mantenimento del tenore di vita che per milioni di cittadini lavorare diviene una trappola che restringe gli ambiti di libertà, peggiora la qualità della vita, fa lievitare i bisogni e acuisce le necessità.

Ecco, mi aspetterei che i progressisti offrissero una soluzione e magari dicessero: non possiamo assicurarvi di aumentare considerevolmente i vostri salari, ma possiamo proporvi di vivere in un luogo in cui il vostro reddito valga di più, e la vostra vita venga meglio tutelata. Quanti soldi in più metteremmo in tasca a questi lavoratori, a queste famiglie? Non è questa una nuova e significativa interpretazione del valore del salario minimo? Di quanto sarebbe il saldo positivo, e a quale riequilibrio demografico saremmo in grado di puntare?

Di «rammendo delle periferie» ha parlato Renzo Piano,

l'archistar, ora senatore a vita. Idea anch'essa eccellente, ma ben presto caduta nel dimenticatoio. Di queste colpevoli distrazioni è imputata la sinistra, incapace di dare seguito alle intuizioni e forza ai progetti che genera nel suo stesso seno. Nella proposta del senatore a vita l'obiettivo di rigenerare le periferie, abbellirle, renderle più vive, più accettabili, meno tristi, meglio vissute, non era forse un primo passo verso la valorizzazione della bellezza come elemento di contrasto alla povertà, alla marginalità, alla dispersione sociale?

Purtroppo una politica senza passione lancia in cielo le parole, specialmente se sono slogan suggestivi, ma poi le lascia ricadere in terra senza che portino frutto. Non segue, non si attiva, non si cura, non si preoccupa. E pensare che il primo congresso del Partito democratico al Lingotto di Torino ebbe come slogan: «I care». Mi importa, mi prendo cura.

Nessuna cura. E così, per esempio, le periferie sono rimaste il luogo in cui tutti gli svantaggiati, e anche i delinquenti, trovano spesso una sistemazione, una stanza per dormire, una casa per metter su famiglia oppure per organizzare lo spaccio o altre attività criminali. La trovano o la occupano. Con la forza. Si sono edificate così le nuove città di chi è seduto in ultima fila, la cintura disgregata di metropoli ormai polverizzate.

Oggi va di moda il caro vecchio blitz di polizia per «bonificare» – si usa questo terribile verbo – i territori tossici. Manganello e via.

Non c'è sinistra in queste discussioni. Come se non avesse a che fare con quella parte della società che più sta indietro, più se la passa male. In questi luoghi i progressisti sono ospiti spesso indesiderati, osservatori neutrali e non protagonisti, non parte attiva nelle battaglie di riscatto.

Si avverte l'assenza di qualunque passione nell'aprire la frontiera del nuovo inizio nei luoghi che non conosciamo, delle opportunità che offrirebbero, delle potenzialità produttive, del riequilibrio sociale, delle ricadute in termini di sicurezza e di qualità della vita, e infine della più decisiva azione di ripresa demografica.

E la sinistra cosa ha detto, cosa ha proposto, soprattutto come pensa di agevolare il progresso sociale, la dignità, l'istruzione nelle zone svantaggiate, nei tanti luoghi tossici delle aree metropolitane? Quanti recinti della morte, quante bomboniere criminali sulle nostre strade. E quanti dei nostri ragazzi sono costretti a viverci. Come si raddrizza l'inferno metropolitano, come si ripuliscono le città, come si offre a chi gode di una pensione sociale, poche centinaia di euro al mese, una vecchiaia dignitosa, in case decorose, a un costo equo?

Ecco la ragione e la radice del reddito di territorio.

È quel che l'Italia ha ammassato in cambusa o dimenticato in cantina. Basterebbe guardare, far di conto e prendere coscienza del tesoro nascosto lungo lo Stivale e del paradosso di una condizione che esiste, di una doppia realtà, di una politica che gonfia una parte del Paese e svuota l'altra.

Le montagne, i boschi, i laghi, le case. Soprattutto le case: centinaia di migliaia di metri quadrati di vani. Pronti, disponibili, senza un inquilino a far la posta o un proprietario ad avanzare pretese assurde. E le scuole, gli ospedali, le strade: vedere per credere.

E i binari. Dritti, a curva lunga, corta, tratte ferroviarie di montagna, di pianura. Binari magari arrugginiti, sepolti dalle sterpaglie eppure incisi nelle pendici dell'Appennino. Lì erano e lì restano. Cambiarli si può.

L'Italia illuminata e quella spenta, barcone pieno ai lati e

vuoto al centro. Il sold out sempre e solo lungo la costa: grandi attrattori, grandi industrie, grandi città. E grande monnezza, grande traffico, grande criminalità, grandi costi per abitarvi, troppo tempo per spostarsi da un luogo all'altro.

Dove le luci sono tante, tutte accentrate verso le metropoli o i capoluoghi, molti dei quali carezzati dalla brezza del mare con le code urbane fino alla costa, sin quasi al limite delle scogliere, tutto diviene più oneroso e anche più faticoso. Il costo della vita e la difficoltà di viverci aumentano nelle periferie stipate di corpi e di cemento, tra i sobborghi industriali, le palazzine senza luce, le strade senza storia. Le città ingrassano sui fianchi, si allungano sempre più e lì, in quelle ultime propaggini, traghettano coloro che non sono nelle condizioni di essere cittadini veri come gli inquilini dei centri storici, residenti all'altezza o delegati all'ospitalità di rango, al regime dell'affitto turistico, della locazione d'élite.

Più grandi e più brutte le metropoli, più grandi e più insicure, più grandi e più costose. Dove si dirige, infatti, la maggior parte dei diseredati che sbarcano a Lampedusa? Nelle cinture urbane delle grandi città, nella doppia periferia, quella che precede e quella che segue la tangenziale, l'anello autostradale sempre ammalato di traffico. E chi controlla quel fiume umano che esonda e allaga le nostre città? Chi lo governa, lo disciplina o anche soltanto ne tiene sotto controllo le dimensioni? Quanti disperati sono da noi? Quante donne e quanti uomini, quanti adulti, quanti bambini, quanti laureati e quanti operai, quanti criminali? Cosa sappiamo di loro? In quale luogo fioriscono le gang più feroci? Dov'è che il pizzo fa strame di commercianti? E dove i pronto soccorso sono sempre al limite, gli ospedali senza posti letto disponibili, gli asili nido inesistenti?

Dov'è che la vita diviene una guerra? Un fuggi fuggi verso il bus, la fermata della metro, il tram, in fila in auto, oppure in moto, in bici, a piedi?

Di là, lungo l'Appennino, nel crinale che unisce i primi borghi toscani e scende verso sud, fino ai paesi alle pendici dell'Aspromonte, invece, il buio. Forse il lavoro ci sarebbe anche, ma di certo non ci sono abitanti, non ci sono luci, le case sono vuote, e le strade segnate da voragini, senza che nessuno se ne accorga, perché nessuno le percorre più.

I fianchi delle colline ruzzolano verso valle, frana dopo frana. Gli smottamenti sono il risultato atteso dell'indifferenza che si è fatta largo tra noi e la natura, tra noi e gli alberi. Abbiamo inteso il cemento come il plasma della modernità, l'esito di un benessere pienamente conquistato, l'estetica del successo. Le case dei contadini, specie nel Mezzogiorno, hanno spesso ricevuto lungo tutto il perimetro esterno un manto di cemento per dare soluzione coerente al nuovo che avanzava e fare finalmente pulizia del fango che per decenni ha dato lavoro ma tanto disturbo. Il cemento come segno del progresso, dell'affermazione nella società, criterio fondativo del nuovo modo di abitare.

Invece, scopriamo oggi con un bel po' di ritardo, è la terra il sol dell'avvenire.

I pendolari, avanti popolo

Un partito che si dice di sinistra o, meglio, una coalizione che voglia essere progressista deve occuparsi in via prioritaria della lepre o della tartaruga? Di chi corre in avanti o di chi arrancando rimane indietro?

L'avvento dell'alta velocità è il fiocchetto blu al collo della società diseguale. Una parte di essa, essenzialmente la più ricca, ha bisogno e ha la possibilità di muoversi in fretta, mentre l'altra – sempre quella messa peggio – accetta di viaggiare assai più lentamente. Accetta cioè la lentezza, non tanto come corrispettivo del costo «popolare» del biglietto, ma come destino ineluttabile di una società «bassa» contrapposta a una «alta». Del resto non ha possibilità di scelta: se pure amasse la velocità, dovrebbe arrendersi alle differenti modalità e condizioni di trasporto.

Se invece dovesse avere davvero fretta, se fosse obbligata da urgenze ineludibili a stringere i tempi, dovrebbe pagare di più, scegliendo cosa sacrificare. Semplice, no?

A me il treno ad alta velocità fa lo stesso effetto del latte «ad alta qualità», questa separazione di specie, questa frattu-

ra tra vip e popolo che compare al supermercato tra bimbi di buona famiglia ben alimentati e bimbi più sfortunati. La bontà (alta qualità!) a un costo più elevato induce il consumatore, se il suo portafoglio non permette l'esborso richiesto, a valutare l'idea di optare per un prodotto evidentemente di qualità inferiore. Non lo si dice, ma certo lo si fa intendere. Vuoi il latte buono? Paga. Non hai i soldi che chiedo? Allora ti rifilo quello così così.

I treni ad alta velocità, e la fortuna che hanno avuto, i finanziamenti che hanno raccolto da quando hanno fatto la loro comparsa – un tempo tutto sommato breve – e il fatturato che hanno fatto registrare, dimostrano che la società diseguale, oltre a essere una categoria sociologica, è divenuta un enorme distretto politico ed economico, una sterminata prateria.

Sale sul treno veloce l'élite, viaggia sul convoglio lento quella che fu la classe operaia, o l'immigrato senza carta d'identità, lo studente fuori sede e fuori corso. Quanti di costoro votano e quanti rifiutano le urne?

Corre a trecento all'ora il manager, tossisce tra i cinquanta e i settanta chilometri orari la locomotiva che conduce all'università, a scuola o in fabbrica lo studente, l'operaio, l'impiegato.

Ma persino l'élite ha bisogno di decongestionarsi e di distinguersi. Cosicché l'opulenza si sviluppa attraverso altri due tronconi: i grandi ricchi, che viaggiano in business class o nell'executive club, i medio-ricchi nella normale prima classe. Il resto, la sconfinata terra di mezzo, rimane disordinatamente alloggiato nelle carrozze di seconda classe.

Con le Frecce, Trenitalia ha realizzato in soli undici anni un incremento dei passeggeri pari al 435 per cento, con conseguente aumento del fatturato. La lepre porta soldi, la tartaruga no. I clienti che nel 2012 hanno viaggiato sulle Frecce era-

no 6,5 milioni; nel 2019 erano già divenuti 47 milioni. E Italo, la compagnia privata, è passata dai 4 milioni di utenti del 2012 ai 20 milioni del 2023.

Se è vera la premessa, se esiste cioè una società «bassa» opposta a una «alta», allora la prima cosa da fare nel campo progressista è occuparsi del terreno di proprietà, prendersi cura di quello che è il suo popolo naturale: impiegati, operai, studenti, la fascia sociale che intasa metro, tram e treni. Cioè, i pendolari d'Italia. È una fanteria avanzata, una sorta di testuggine sociale, gente che la sera rientra a casa e racconta anche del viaggio. E se il viaggio migliora...

I pendolari commentano, propagandano, giudicano. Non c'è più proficuo investimento politico, il tasso di rendimento elettorale è alto. Sono quasi sei milioni e ogni giorno trascorrono più di un'ora su una carrozza spesso malridotta. Due milioni e 841.000 sul servizio regionale di Trenitalia, due milioni e 672.000 in metro, 40.000 sui vecchi Intercity, che sembrano residuati. I pendolari sono un popolo che negli anni si è assottigliato, perché la tartaruga è divenuta ancora più lenta, oramai inutilizzabile. Qualche esempio? La Circumvesuviana, il treno che collega le località ai piedi del Vesuvio, è passata da una media di novanta chilometri orari agli attuali settanta; la Cumana, che presta servizio nell'area dei Campi Flegrei, da settanta chilometri orari è scesa a cinquanta. Esistono situazioni infernali, che si tramandano da decenni, in cui il viaggio è un'avventura senza fine. Le cronache segnalano le peggiori dieci tratte, e da sempre la palma della più puzzolente e più lenta va alla Roma-Lido di Ostia, seguita dalla Roma-Viterbo; ci sono poi la sconfortante linea Catania-Gela, la Bari-Bitritto e, per il Nord, la Milano-Mortara, la Verona-Rovigo, la Rovigo-Chioggia, la Genova-Asti, come risulta dal rapporto di Legambiente 2023.

Non c'è equivoco di sorta: i pendolari dovrebbero essere storicamente, per nascita e destino, il popolo eletto della sinistra, il nucleo primitivo sul quale i progressisti dovrebbero investire politicamente. Ma chi mai parla dei pendolari, se non nei consueti dieci minuti all'anno elargiti dai telegiornali regionali della Rai per segnalare le proteste e i disagi? Quali e quanti dirigenti dell'ampia e confusa sinistra progressista – se non con telecamere al seguito – si fanno trovare sui binari alle sette del mattino o anche prima, per saggiare l'umore di quel popolo, scrutare i volti di chi sale a bordo? È ceto medio oppure no? O siamo più giù, dentro la pancia del Paese che non riesce ad affrancarsi dall'assistenza pubblica intesa come insieme di sussidi a vario titolo elargiti? Cosa ha in testa questo popolo, chi ha votato? Anzi: ha votato? Quante ore trascorre fuori casa, e quanto guadagna? Chi meglio dei progressisti potrebbe imporre al Parlamento, facendosi promotori di una battaglia campale, di finanziare l'ammodernamento delle tratte?

Le battaglie sono popolari e rendono politicamente quando sono avvertite come giuste, necessarie, opportune, da una parte rilevante della società. Al loro popolo naturale, a questa massa di nuovi diseredati, di nuovi emarginati, i governi di cui la sinistra ha nutrito i programmi non hanno invece dato nulla. Non un cenno di amicizia politica, di solidarietà verbale. E, nel recinto delle varie leggi finanziarie, gli investimenti nei trasporti a corto raggio, quelli ordinari per capirci, sono andati malinconicamente decurtandosi.

Il centrosinistra ha assistito, senza nemmeno un colpo di tosse, alla riduzione e alla progressiva squalificazione delle prestazioni, al crudele taglio di intere tratte che sul bilancio dello Stato, pieno di sprechi, sono state giudicate costi insostenibili.

E così l'alta velocità ha raccolto il testimone dell'Italia che può, l'Italia che conta e che unisce le città più benestanti, le economie più opulente, i territori più rilevanti. Quell'Italia ha beneficiato di tutte le attenzioni ed è anche quella che – dati alla mano – evade di più, ma gode maggiormente dei servizi che lo Stato finanzia. Per quell'Italia non è stata risparmiata nessuna risorsa. Nel Piano di ripresa e resilienza, per esempio, 53 miliardi di euro sono destinati alle infrastrutture ferroviarie e, di questi, 38 miliardi all'alta velocità.

Se il compito dei progressisti è sostenere chi è rimasto indietro, non è forse arrivato il momento di mettere al centro dell'attenzione il popolo della seconda classe, l'ampia fetta dei cittadini a cui sono stati rifilati i peggiori servizi pubblici?

La massa dei pendolari, coloro che si muovono sui carrilumaca, la classe operaia, il ceto impiegatizio, gli studenti, sono energia vitale del mondo progressista.

E ricucire l'Italia non dovrebbe significare soltanto collegare Roma a Milano in tempi sempre più ridotti, colmare la distanza tra Torino e Napoli, tra quel Nord e quel Sud. Non dovrebbe essere solo uno «scatto metropolitano», una legittima ma cinica questione di business, un impegno a favore delle élite e di coloro che devono muoversi in fretta.

Bisogna riuscire a tenere dentro il Paese che non si vede e che contiene uno scrigno di possibilità, prima di tutto garantendo collegamenti efficienti.

I progressisti hanno avuto in mano il Pnrr, che doveva essere uno strumento nazionale per il rilancio dell'Italia, per mettere a posto mari e monti, per «aggiustare l'Italia». Chi, se non loro, avrebbe dovuto far arrivare al cuore del Paese proposte e progetti, anche visionari, sogni e speranze?

E invece, quante volte il piano è stato illustrato, e dove?

Dove e quando i progressisti hanno chiesto ai presidenti di Camera e Senato una grande sessione per discutere del destino di «quell'altra» Italia? Chi e quando ha pensato di promuovere il censimento delle case vuote, degli ospedali in attesa di malati, delle scuole in attesa di scolari, degli asili in attesa di bimbi? A chi è venuto in mente di fare un bilancio serio dei costi e delle opportunità? Quanto costa vivere in Irpinia e quanto nell'area metropolitana di Napoli? Qual è il costo sociale di una vita vissuta ai margini della Capitale, nelle borgate infette e insicure, e quale la speranza data a un borgo di rinascere, riaprire le aule scolastiche, veder rivivere il mercato rionale, l'ambulatorio del medico di famiglia e tutto quello che tiene vivo un paese?

E chi tra loro, tra coloro cioè che si dicono progressisti, ha spiegato quanto costa far muovere le persone in una metropoli e quanto invece servirebbe per sistemare almeno quei paesi, piccoli e medi, detti di «cintura», i più prossimi ai luoghi di lavoro, della grande industria, dello snodo commerciale?

Il treno regionale è un bruco che accoglie, connette, porta i paesi in città, le montagne al mare. Accorcia l'Italia, e nella storia recente è stato l'unico mezzo che ha permesso a tanti di cambiare vita.

Ad Avellino, per esempio, negli anni sessanta e in quelli che seguirono, i vagoni della Littorina – il treno locale a diesel composto da due o tre carrozze, una specie di supertram, in direzione Rocchetta Sant'Antonio, sul confine pugliese – rappresentavano il treno dei sogni. Rocchetta era l'alba, il punto di non ritorno, la nuova frontiera di una vita felice. Chi cercava lavoro al Nord doveva andare lì per intercettare le linee cosiddette veloci, i treni espresso della direttrice adriatica. Quanti pianti e quanti abbracci alla stazione di Rocchetta. E

quanti ritorni! Nel 2014 mi è capitato di raccontare delle migliaia di chilometri di ferrovie in disuso, di puntare i riflettori sui binari morti e inquadrarli con la videocamera, descriverli con la penna, tratti ormai chiusi da tempo. Non ho mai percepito più sentimento, impegno civile, senso della comunità e voglia di ritrovarsi come intorno al treno perduto, alla sua storia e alla sua agonia. C'è chi ancora oggi destina ogni minuto del proprio tempo libero a combattere per farle rinascere, quelle benedette ferrovie, o almeno a farne rivivere il ricordo. È un amore smodato e assoluto. Ho incontrato professori di filosofia, veterinari, ex capistazione, ingegneri: un popolo di appassionati, di persone entusiaste e impazienti di spiegare che il treno è un valore sociale aggiunto. Fa vivere meglio, allevia la solitudine, tiene in piedi i paesi, azzera lo smog, annienta il traffico, dismette l'asfalto. Tempo fa a Volterra, in Toscana, ho raccolto le lamentele del sindaco. Da quando la meravigliosa città etrusca ha perduto il treno, la popolazione ha iniziato ad assottigliarsi: le case svuotate, i negozi chiusi, la ricchezza che si è andata consumando perché la posizione geografica della città rende difficili le comunicazioni stradali e praticamente impossibili quelle veloci. Curve, e ancora curve. Per raggiungere Volterra occorre almeno un'ora di traiettorie sfiancanti e anche impegnative, se le condizioni meteo si fanno difficili, se piove o le strade sono coperte di ghiaccio. Il treno – che sia benedetto – invece bucava le colline, avanzava in galleria, era lento, ma dritto e comodo.

Così anche alla stazione di Rocchetta, nell'Italia del Sud lontana dalle ricchezze e dalle comodità, trovavi chi partiva per cercare lavoro e chi tornava per godersi la pensione. Oggi non esiste più nulla a Volterra, nell'Italia del Nord, e a Rocchetta, nel Mezzogiorno.

Da trent'anni si è tagliato in tutti i modi e a tutti i costi, immaginando che il treno fosse uno di quei mezzi da togliere dalla circolazione, letteralmente, dimenticando che senza i binari anche il cuore del Paese sarebbe stato seppellito, con le vallate e le colline, quel mondo di mezzo che è l'Italia interna.

E cosa ha fatto, anzi cosa ha detto, il mondo progressista davanti alla decisione di lasciar perire il reticolo delle tratte secondarie, centinaia e centinaia? Nulla, completa indifferenza.

E invece i progressisti dovrebbero confutare l'idea che esistano «rami secchi», le innumerevoli tratte tagliate, perché ricucire l'Italia significa accorciare le distanze tra l'interno collinare e montuoso e la costa, gestire il territorio, salvarlo dal dissesto causato dall'incuria, occuparsi del verde intendendolo come principio di precauzione e tutela della nostra umanità. Rendere possibili collegamenti a corto raggio ma costanti, finalmente decenti significa aprire a migliaia di cittadini la possibilità di una vita lontana dalle periferie col cemento armato che inghiotte, dalle feroci tristezze delle borgate indefinite, piene di rabbia e di violenza. Avere la possibilità di un viaggio comodo, veloce e sicuro significa poter immaginare nell'immenso bollettino delle case dismesse lungo i fianchi dell'Appennino la propria dimora, affrontando il grande tema del vuoto che si deve riempire e delle persone che invocano politiche abitative.

Riqualificare la linea ferroviaria avrebbe un costo rilevante, ma significherebbe anche dare avvio al più grande sistema di migrazione orizzontale, proficua e benefica, e di welfare territoriale; alla più imponente costruzione di una rete che connetta chi sta sui monti e chi in riva al mare, l'Italia piccola e quella grande, i paesi e le città. Questa sarebbe la più grande e collettiva forma di reddito di cittadinanza.

Trent'anni fa in Parlamento si dibatteva della cosiddetta «cura del ferro», della necessità di trasferire sui binari il traffico veicolare divenuto insostenibile.

Ebbene, che cosa significa riformismo se non una politica audace, che ha il coraggio di intervenire sui punti critici, di affrontare i mali prima che diventino cronici e di proporre una svolta, un cambio di passo, uno stile nuovo? Basta cemento e autostrade, basta auto incolonnate, basta gomma che intasa e inquina. Il treno – le nuove motrici a energia verde – aiuterebbe l'Italia a liberarsi dallo smog e soprattutto le permetterebbe di andare più veloce.

È vero: la sinistra è senza popolo, ma allo stesso tempo non ingaggia le battaglie che avrebbero potuto farla avvicinare alla sua gente che oggi neanche la riconosce più, figuriamoci stimarla o ritenerla amica (non mi avventuro nemmeno a scrivere «compagna»).

Semplicemente la sinistra non ha proferito parola quando, uno dopo l'altro, sono stati fatti fuori tutti i finanziamenti straordinari della stagione di questo rinnovato e necessario ambientalismo, della transizione verso l'energia verde, la tutela dell'ecosistema e quindi anche il sostegno alla mobilità su ferro, la meno inquinante. Tra l'altro un investimento previsto nel grande Piano di ripresa e resilienza, questo nuovo libro dei sogni che avrebbe dovuto raddrizzare l'Italia.

Come è stato possibile per forze animate – almeno a parole – dal progetto di ridurre le distanze – in questo caso sia sociali sia geografiche –, di rendere finalmente fruibili le opportunità di un nuovo modello di vita e di impegno a quella fetta di società che altrimenti non potrebbe goderne, arrivare a quella che a me pare una vera e propria diserzione politica? Proporre con passione, con le unghie e con i denti, la

«cura del ferro» significa insistere ogni giorno sul tema caldo, ogni sera dar conto dei risultati, ogni mese trovare un modo per rendere visibile e permanente la forza della protesta. I binari come infrastruttura decisiva e prioritaria avrebbero cambiato in meglio la vita di molti e la faccia dell'Italia. La cura, sì. Eccola qui!

Bastava rivedere i filmati delle teche Rai, i viaggi in periferia di Sergio Zavoli, i documentari di Pier Paolo Pasolini o le inchieste sterminate dell'«Espresso» e di «Panorama», la raccolta dei giornali del Novecento per farsi un'idea di come sia stato il treno, solo il treno, ad accompagnare il Paese nella fase più matura e imponente della migrazione interna, dal Sud ancora agricolo al Nord già industrializzato. Grazie al treno, migliaia di lavoratori hanno cercato e trovato fortuna e riparo nell'Europa del Nord: per raggiungere la Ruhr, il più grande bacino carbonifero d'Europa, o le miniere del Belgio, nei dintorni di Charleroi, i nostri padri e i nostri nonni sono saliti su quei vagoni.

Il treno ha portato manovali e carpentieri nei cantieri autostradali in Svizzera, li ha condotti nelle baracche dei campi di lavoro tra Ginevra e Zurigo. È il treno che traghetta gli analfabeti lucani nei sobborghi di Stoccarda, di Wolfsburg, all'interno del polo urbano che fa da corona a quello automobilistico. È naturalmente il treno a portare braccia per la fabbrica della Volkswagen. È il treno che riempie Milano e riempie la periferia, arriva a Cinisello Balsamo, alla Magneti Marelli, alle acciaierie Falck. La ferrovia sarà per anni l'unica via di comunicazione tra il luogo in cui si fabbricano automobili, cioè Torino, e la piana agricola del Sud, i paesi che iniziano a spopolarsi nel Mezzogiorno.

Ed è la Littorina, il treno delle piccole distanze, ad aver agevolato la scolarizzazione di mezza Italia. Dai paesi, grazie

alla Littorina, si giungeva nei centri dove c'era il liceo, l'istituto tecnico e infine l'università.

Se la televisione ha dato una lingua comune agli italiani, il treno ha fatto conoscere l'Italia a chi la abitava, l'ha tenuta stretta, unita. E sono i binari che ci hanno insegnato a non guardare il nostro Paese in verticale, mentre la classe politica e la società affluente avevano finanziato la prima grande e importante via di comunicazione del dopoguerra: l'Autostrada del Sole. In questo caso il potere appalta a una famiglia dominante, casa Agnelli, l'asfalto nazionale.

E invece esiste anche l'altra Italia, non solo quella degli Agnelli. Esistono anche l'Est e l'Ovest, il Tirreno e l'Adriatico, il mare e le montagne. Solo il treno accorcia le distanze, approfitta dei pendii per tirare dritto.

Il treno, col tempo, è divenuto il luogo degli afflitti, perché nella società diseguale una motrice che non sia superveloce, una carrozza supermoderna e un biglietto di viaggio supercostoso non interessano a nessun investitore.

Da questo punto di vista, non potremmo dar loro torto. I soci fondatori di Ntv, la società che gestisce le tratte ad alta velocità di Italo, versarono quasi un miliardo di euro per dar vita all'impresa. Nel 2018 quel miliardo è raddoppiato: al momento di cedere le attività al fondo americano Gip, i nostri patrioti ne hanno infatti incassati quasi due. E gli americani hanno dovuto attendere solo cinque anni per vedere quadruplicato il capitale. Oltre 4 miliardi di euro: questa la stima del valore attuale di Ntv di cui Msc, la società (svizzera) delle grandi navi della famiglia sorrentina Aponte, acquisirà il pacchetto di maggioranza (circa il 50 per cento).

I finanzieri, gli industriali fanno il loro mestiere, ma lo Stato dovrebbe farne un altro.

C'è treno e treno. E quello che non serve ai ricchi, il bruco che connette l'Est all'Ovest, è invece necessario per i tanti che non hanno portafogli all'altezza.

Una sinistra in sintonia con il suo popolo non dovrebbe fare altro che sostenere gli investimenti delle tratte minori, quelle più svantaggiate, le più anguste.

È un fatto che, nella legge finanziaria più striminzita degli ultimi anni, il governo Meloni abbia trovato possibile e necessario finanziare con 3 miliardi e 600 milioni di euro i primi lotti del Ponte sullo Stretto, e questo solo per i primi, perché il costo totale supererà i 12 miliardi. Certo, ne è seguita una comica divisione degli oneri. Il ministro delle Infrastrutture e dei Trasporti ha chiesto che Calabria e Sicilia si facciano carico delle spese prevalenti, essendo il ponte affar loro. Teoria davvero singolare. Come se al Piemonte fosse stato richiesto di pagarsi il Tav e, che so, all'Alto Adige di far fronte al tunnel del Brennero.

Quel che invece non fa ridere affatto è che questi soldi si sono trovati per il cemento mentre sono spariti per i treni. Definanziati 840 milioni di euro che pure erano disponibili grazie al Pnrr sulle tratte che contano meno. Leggo la lista degli appalti definanziati, dei progetti sospesi o accantonati nel silenzio acquiescente della vasta rappresentanza dei partiti della sinistra allargata, di coloro che dovrebbero proporre un altro contratto sociale, un altro modello di vita, altre virtù nascoste. Invece, zitti e muti. Assenti, distratti, depressi. Il Pd, come sempre, ma anche i 5 Stelle e gli altri spicchi di un arcobaleno felice solo nei colori. Revocati alla Napoli-Bari 53 milioni di euro: silenzio. Alla Palermo-Catania sfilati 470 milioni di euro: silenzio. Alla linea Enna-Caltanissetta 317 milioni di euro. Tutto è passato in cavalleria: non un corsivo di giornale, non

una parola nei talk show, non un dibattito in un circolo e nemmeno una piazza convocata, una tavolata alla festa dell'Unità. Niente di niente.

Tagliate, ridotte, svuotate la Roma-Pescara, la Orte-Falconara, la Battipaglia-Taranto. Se ne riparlerà poi. Quando?

Linee sulle quali non si fanno quattrini e quindi tratte da scoraggiare. Ci salgono coloro che non trovano visibilità nella società mediatica, non hanno ruolo né voce. Non ci sono famiglie influenti, giornalisti vigili. L'Italia che non fa rumore semplicemente non esiste.

Contro il partito dell'equivoco (e quello *gnè gnè*)

Nella lista dei paradossi che la sinistra ha prodotto contro se stessa durante la fase in cui era alla guida della macchina del potere, il primo e più clamoroso è stato il convincimento che in unico partito, il Pd, potessero coesistere e saldarsi gli opposti: i moderati e i riformisti.

Moderatismo e riformismo sono stati allontanati dalla loro accezione autentica di ideologie naturalmente divergenti, per l'urgenza di edificare quello che era stato annunciato come il «partito della nazione».

Nel 2014 vince l'idea di promuoverlo dall'alto, questo partito, da Palazzo Chigi, dov'è insediato Matteo Renzi. Leader giovane, acclamato per la capacità di sparigliare, una dote così necessaria per una formazione asfittica che subisce ancora i riti e i tempi della Prima Repubblica, in cui l'età anagrafica dei militanti avanza inesorabilmente. Renzi ha tutto ciò che serve: velocità di azione, scaltrezza tattica, pragmatismo nel pensiero, sfrontatezza nelle relazioni personali e uno stile ritenuto indispensabile per ogni leader che voglia farsi ricordare, l'alterigia. È il nuovo che avanza, spesso pubblicamente arrogan-

te per dimostrare forse che i potenti non si dicono più le cattiverie solo in privato, come accadeva in passato.

In questo modo si immagina di rendere più agevole il disegno di coniugare élite e popolo, la società alta e quella bassa, in un'unica grande formazione e portarla al governo. Il piano è annullare ogni differenza tra i moderati e i riformisti, dimenticando – l'ha spiegato bene il politologo Isaia Sales – che i riformisti sono politicamente avversi ai moderati. I primi sono costruttori del cambiamento; i secondi teorici dello status quo, architetti della conservazione.

Il riformismo è la continua messa in discussione dell'esistente, fondamento proprio della pratica progressista. La declinazione riformista infatti attraversa le culture socialiste, si nutre di quelle cattoliche, intercetta le istanze liberal; possono divergere i tempi e le modalità di realizzazione del cambiamento, non altro.

Come sia stato possibile gestire questa contraddizione è domanda aperta. Si è fatta una grande confusione tra la necessaria radicalità delle scelte, le idee da promuovere, la presa di posizione perentoria, pubblica e la considerazione che scelte radicali potessero essere interpretate come poco prudenti, estreme e quindi divenire impopolari.

L'esito è stata una trasfigurazione della compagine progressista in un'altra identità, indistinta e grigia. Ma la costruzione di un «partito della nazione» dura nei fatti oltre il tempo della parabola di Renzi, il rottamatore schiantatosi sotto il peso delle rovine della riforma costituzionale bocciata alle urne.

Nemmeno il suo capitombolo, però, mette in crisi l'idea che il Partito democratico possa essere null'altro che una grande federazione di gruppi e correnti volti a occupare il centro del sistema politico. E che la radice del suo potere risieda nella ca-

pacità di governare a oltranza, persino prescindendo dagli esiti elettorali. Un partito in grado, grazie all'esperienza acquisita, di far rendere al massimo la trama della tattica parlamentare e spostare a proprio vantaggio gli equilibri, figli del trasformismo e delle inesauribili rendite di potere nelle Camere elettive.

C'è insomma da ricostruire – saltando a piè pari ogni fatica organizzativa e politica, e rimodulando le tesi della nascita del Pd – un nuovo *rassemblement* interclassista, governista, orizzontale, equilibratore degli interessi in gioco nella società.

Confondere poi ogni protesta popolare con i fuochi populisti, gestire in doppiopetto il disagio sociale, lasciare che altri – per esempio Beppe Grillo – sollevassero il tema della moralità nella vita politica, ha condotto la sinistra ad andare contro il suo stesso popolo. L'ha resa immemore al punto da trascurare il fatto che l'interesse a promuovere politiche di giustizia sociale è condizione necessaria per dirsi progressista. Infatti il voto del 25 settembre 2022 che ha premiato Fratelli d'Italia è stato (anche) un pronunciamento contro chi nel tempo aveva rinnegato le sue battaglie storiche e le proprie radici sociali.

Dimenticata Tangentopoli, è come se si fosse archiviato nella memoria il vizio più contagioso e grave della società italiana: il clientelismo, la forma più corrosiva di sostegno alla mediocrità, fondamento della società diseguale. Si è così teorizzata l'ineluttabilità delle conoscenze personali come spinta alla promozione sociale contro il valore indiscutibile del talento e il principio democratico del merito a parità di condizioni.

In effetti, al mediocre importa unicamente del presente, di preservarlo per garantirsi lo status quo. Mentre il talento innova ed espande, la mediocrità conserva e sclerotizza. Il mediocre non ha particolari istanze ideologiche a cui aderire, non

si immette in alcuna grande narrazione. È un camaleonte, un *hypokrités* pronto a indossare il costume che meglio si adatta alla scena.

Ogni anno migliaia di giovani promesse prendono il largo. Non partono, fuggono da un sistema che li tiene ai margini, che li scaraventa in soffitta, li ferma, li blocca, li mortifica. Il danno per il nostro Paese è immane. L'esodo del know-how dà la misura del declino: coloro che con il proprio talento potrebbero fornire i mezzi per contrastare la deriva economica e culturale vengono inspiegabilmente esiliati. Una vera e sostanziale rivoluzione meritocratica, oltreché democratica, si allontana inesorabilmente.

Gli studiosi lo definiscono *brain drain.* È la migrazione di persone altamente qualificate che, formatesi in un Paese, si trasferiscono e lavorano in un altro. In Italia il *brain drain* ha ricadute economiche enormi.

Ci siamo così abituati al clientelismo come sistema dello snodo sociale da non saper più riconoscere il vizio, e da confonderlo, sottostimarlo, trascurarlo ogni qualvolta una nomina pubblica è figlia di una rete di conoscenze e non di un percorso umano e professionale eccellente.

Il vizio che la sinistra ha rinunciato a denunciare e a contrastare è divenuto presto un problema in casa: non erano solo gli avversari a gestire clientele, ma anche i partiti dell'area progressista che in breve tempo sono stati accusati di essere moralisti solo nel territorio altrui... La sinistra, prima aperta e spregiudicata combattente di questa odiosa pratica politica, si è man mano acconciata a gestore dei tratti più ambigui, rivelando il problema che l'ha allontanata dal suo bacino elettorale. Di conseguenza gli elettori storici si sono trasformati in amanti traditi e hanno via via accresciuto l'area del non voto, che

già da tempo doveva indicare il pericolo poi manifestatosi nelle sue reali dimensioni. Invece il patto per il governo, direttamente o attraverso i cosiddetti tecnici, resisteva a ogni cambio di stagione politica, a ogni umore della piazza e a ogni percentuale di astensione nelle varie tornate elettorali, sempre intestando ogni protesta popolare alla marea montante definita con sufficienza «populista», e collocando all'interno di questa cornice ogni manifestazione di dissenso.

L'irrilevanza della sua connessione con la porzione della società più debole e fragile ha fatto sì che la protesta fosse intestata tutta al movimento di Beppe Grillo, all'epoca competitore e avversario dichiarato del Pd. Il ring su cui si combatteva la battaglia politica fino a qualche tempo fa era tutto in quello che oggi si definirebbe il «campo largo del centrosinistra». La destra aveva cifre modeste e del tutto irrilevanti.

Invece di organizzare i riformisti di varie tradizioni (socialista e cattolica, laica e libertaria), ci si è assestati man mano in una condizione di garanti dell'esistente, impassibili davanti a ogni cambiamento, incapaci di qualsiasi serio moto di protesta che non sia il canto dell'inno di Mameli davanti all'approvazione della legge sull'autonomia differenziata, la secessione dei ricchi.

L'indifferenza o quasi, per esempio, che ha accompagnato la riforma del reato di abuso d'ufficio e la sua sostanziale depenalizzazione è, a mio avviso, la chiave di lettura di quanto la sinistra abbia smarrito la memoria. Abolire l'abuso d'ufficio significa infatti sdoganare la raccomandazione, il costume sociale più degradante perché il potente di turno, approfittando del ruolo pubblico, influenza le decisioni su chi promuovere. È una pratica tutt'altro che in disuso, che si ripropone ogni qualvolta una figura monocratica (un sindaco, per esem-

pio) travalica le funzioni del proprio ufficio interferendo con la vita e le attese di chi si mette in gioco.

La raccomandazione è divenuta la forma originaria e selvaggia di contrasto al principio costituzionale dell'uguaglianza tra i cittadini. Altro che far vincere il merito! Il raccomandato è assurto a preminente figura letteraria, anche cinematografica, contro la quale la sinistra aveva costruito la propria diversità. Se ancora oggi Enrico Berlinguer è il leader più rimpianto, più letto e ascoltato, è perché gli si riconosce la piena titolarità dell'aver posto la questione morale senza mai lasciarsi prendere dall'eloquio giustizialista, dalle proposizioni fintamente moraliste o da pratiche familiste poco commendevoli.

Oggi la moralità è invece un valore estraneo, pressoché assente nel dibattito pubblico. E infatti, negli anni della progressiva torsione verso l'indistinto approdo governista, è mancato alla sinistra persino un nome a cui abbinare la battaglia per la moralizzazione del sistema politico, che è una delle crisi endemiche della società italiana.

Il Pd ha pensato che le lotte alle disuguaglianze fossero ormai acqua passata. E i 5 Stelle, in ragione di un successo colto troppo in fretta, troppo in anticipo sulla propria maturazione politica, hanno immaginato di costruire un movimento che nell'abbraccio sociale replicasse l'idea interclassista: né destra né sinistra, né sopra né sotto. Un movimento centrale in cui confluissero le speranze e gli ideali più disparati, volti e biografie singolari, producendo il miracolo di raggiungere e superare il 30 per cento dei consensi, ma poi di perdere la bussola del governo e anche la testa con un capo politico, l'ineffabile Luigi Di Maio, protagonista della versione più goffa e triste del trasformismo, inteso come capacità di torcere il proprio corpo e le proprie idee fino a smarrirsi.

La sinistra si è così ritrovata in poco tempo a essere il campo stretto di un partito senza più un passato e di un movimento senza più un futuro. Preda dell'ossessione di dover decidere sempre da che parte stare – di qua o di là? rosso o nero? progressista o conservatore? –, dell'ansia di certificare in ogni momento della vita il punto di vista netto, preciso, si è immaginato che non fosse sempre necessaria una scelta. Con il tempo e l'esperienza – soprattutto l'esperienza –, ci si è fatti convincere che fosse meglio abbandonare le tinte forti e scegliere le macchie pastello, i segni mediani, l'ombrato diffuso.

Era anche un modo di tenere lontana la delusione storica dovuta al fatto che, sebbene fosse stato il più forte e organizzato partito comunista dell'Occidente, per il Pci non era mai davvero venuta l'ora del governo. Partito fortissimo, ma seduto tra gli spalti della tribuna. Perché?

Era in qualche modo l'equivalente della domanda che provocatoriamente poneva don Milani quando esortava all'impegno civile contro le mafie, a tenere presenti la necessità e l'urgenza del dovere civile. A che serve avere le mani pulite, se poi si tengono in tasca? chiedeva, invitando a dare senso alla militanza, alla passione civile che la politica promuoveva.

E noi, quindi, cosa avremmo dovuto farcene di un partito fortissimo ma condannato all'opposizione? «Non vogliamo essere figli di un Dio minore» disse Massimo D'Alema un giorno in tv, e io – spettatore come tanti – apprezzai, anche se quella considerazione mi incupì. Era parso un conteggio senza esito, una forza senza espressione, quella percentuale da capogiro che poneva il Pci – sempre con un bottino enorme, sempre intorno al 30 per cento – avanti nel resto d'Europa, primo tra tutti i partiti di sinistra, ma escluso dal governo. Volevamo cambiare l'Italia, ma come?

Il Partito democratico era nato proprio per sciogliere il dilemma, spalancare alla sinistra le porte di Palazzo Chigi senza indugi – e possibilmente senza inciuci –, senza sotterfugi, apparentamenti e tradimenti, quei giochetti parlamentari tanto frequenti nella vita della politica di palazzo. Il nostro sogno era andare al governo con la forza delle idee e del voto popolare. Non per niente *La canzone popolare* di Ivano Fossati era la colonna sonora di questa nuova forza, di questo nuovo tempo. Ci faceva cantare nelle piazze, ci faceva sentire uniti, forti, pronti. Il Partito democratico, per la verità, era lo strumento formidabile per promuovere una strategia più sofisticata: portare al governo la sinistra senza esibirla troppo, senza proposizioni ultimative che potessero mettere a rischio il cuore benpensante del ricco parterre che faceva da corona al Pd.

Fare le cose gradualmente e in modo composto. Era anche l'insegnamento dei nostri nuovi compagni di viaggio, i popolari, quelli della Margherita, sia laici sia cattolici, e tanti ex democristiani dal lungo *cursus honorum*. Ci insegnavano il valore del moderatismo, soprattutto il senso gentile della posizione mediana, visibilmente equilibrata e cerchiobottista, lontana da ogni conflitto, sempre sulla linea del centrocampo. Insomma: mai posizioni troppo ruvide, troppo estreme, troppo nette. Nulla era indiscutibile e ogni promessa quasi sempre un azzardo.

Su qualsiasi questione si poteva avanzare e saggiamente, tatticamente, arretrare rinunziando a tenere il punto, alla presa di posizione, alla scelta fatta e magari già revocata.

Sarà piaciuta molto l'idea di questo progressismo al rallentatore o, come la chiamava Romano Prodi, la tecnica del «passo dopo passo» per intendere una scalata dolce, una camminata lenta, senza furori e senza troppe bandiere.

E dunque, come sempre accade ai principianti, a noi di si-

nistra l'idea della moderazione come coefficiente necessario per governare il Paese, di una medietà da assicurare a ogni presa di posizione, l'idea che esistesse sempre un punto di mezzo tra due punti opposti, ci ha così coinvolti da essere presa forse troppo sul serio. I nostri leader, quelli di sinistra intendo, si convinsero presto che a fare rima con «estremismo», la parola cattiva, pericolosa, l'orizzonte infelice delle nostre scelte, fosse proprio il socialismo.

Dopo le numerose lezioni di moderatismo impartite da chiunque si trovasse a passare, piano piano, senza dirlo troppo in giro, ci è parso che rinsaldare le radici del pensiero sul quale la sinistra ha vissuto e prosperato – solidarietà verso i deboli, giustizia sociale, moralità nelle attività pubbliche, trasparenza nelle frequentazioni, sobrietà nella vita privata – fosse una clausola di salvaguardia per monaci trappisti, non adatta a personalità immerse nel flusso contraddittorio della contemporaneità, impegnate nella gestione del potere che – si sa – è tremendamente equivoco e difficile da gestire.

Ci convincemmo così tanto che ci volessero marchiare tutti come comunisti, dirigenti, militanti ed elettori, che i nostri leader iniziarono ad avere una premura in più, un dubbio in più e a usare qualche precauzione. A cominciare dal conflitto di interessi.

Tutti i giuristi più accreditati avevano documentato l'ineleggibilità di chi si fosse candidato essendo titolare di concessioni pubbliche. L'elezione di Silvio Berlusconi non poteva essere convalidata, a norma di legge. Non si poteva, punto. Invece lo fu, come candidamente confessò Luciano Violante nel celebre e tristissimo intervento alla Camera dei deputati in cui spiegò come la rinuncia a denunciare l'infrazione alla legge fosse solo una delle decisioni prese dagli ex comunisti, di-

ciamo così, per agevolare il Cavaliere. La seconda e più decisiva fu quella di non avviare una normativa rigorosa ed equa per regolare il conflitto di interessi. In verità, sembrò proprio per colpa della sinistra, che il conflitto riguardasse solo Berlusconi. Fu un errore politico gravissimo e, dal punto di vista strategico, una scelta che impantanò il cammino già svogliato e timoroso di una regolamentazione moderna e appropriata. Ci fosse stata una legge, avrebbe provocato il medesimo esito dell'ineleggibilità: avrebbe condotto, cioè, Berlusconi a scegliere tra le tv e la politica. Gli ex del Pci e del Ppi, che dopo si sarebbero riuniti nel Pd, fecero però in modo che Lui (elle maiuscola) mantenesse tutte e due le attività. Non gli toccarono nulla.

Da allora ha avuto inizio la lunga stagione della medietà: valutare l'utilità marginale dello scarto sistematico di ogni posizione netta e accettare l'equivoco del mezzo, il registro della proposizione dubitativa, o anche, nei casi di impreviste votazioni parlamentari dall'esito troppo impegnativo, rivalutare l'assenza qualificante, la rinunzia tattica allo scontro. La più inconfessabile delle posizioni è stata appunto quella di non aver dato alla democrazia italiana una legge giusta sulla trasparenza in politica.

«Volete far fuori Berlusconi!» L'accusa velenosa che veniva da chi mirava a mantenere lo status quo serviva non ad allargare lo spettro dei conflitti a tutti i cittadini che fossero nelle condizioni del padrone di Mediaset, ma a inibire la sinistra dal porre in essere quel principio di civiltà giuridica e anche l'assoluta, elementare, banale verità che il conflitto di interessi è una condizione *erga omnes*, ma soprattutto è una difesa di chiunque. Se ieri obbligava Berlusconi a decidere a che cosa rinunziare – o la politica o l'impresa –, domani quel

conflitto può essere in capo ad altri, e le parti potranno invertirsi.

Niente. Nessun conflitto per nessuno, ormai ci siamo abituati, al punto che – e i dirigenti della sinistra (chiamiamola così) sono testimoni indiscutibili – conflitti più modesti ma estremamente clamorosi si sono sviluppati senza che nessuno ne abbia chiesto conto.

Per esempio, può un giornalista del servizio pubblico organizzare presso la sua tenuta pugliese un forum a cui è presente tutto il governo di centrodestra? E può essere talmente a suo agio con il potere da valorizzare anche il sottopotere, quello dell'opposizione? A Manduria, tra i vigneti della masseria del giornalista, per par condicio, è stato infatti invitato anche il leader dei 5 Stelle Giuseppe Conte, che non ha fatto mancare la sua partecipazione.

Per me è stato uno spettacolo triste. E chissà per quanti di noi elettori oramai apolidi, destinati al ruolo di spettatori senza più voce e senza alcun diritto da esercitare.

Quale sinistra, allora, e con quale faccia, può promettere di cambiare le cose, di aiutare i deboli, i fragili, quella parte di società che non ha santi in paradiso, non ha condizioni economiche favorevoli? Manca la reputazione, appunto.

Altro esempio. Il silenzio del campo progressista, del partito di Elly Schlein come di quello di Conte, è durato per tutto il tempo in cui il compagno (ora ex) della presidente del Consiglio ha condotto un talk show politico pomeridiano su una rete Mediaset. Andrea Giambruno, poi «ripudiato» via social, ha tenuto a battesimo quotidianamente i temi della cronaca politica con effetti imbarazzanti. L'ho visto chiedere a una deputata del Pd, dunque rappresentante dell'opposizione, un giudizio su una dichiarazione politica della pre-

mier, cioè della sua compagna. L'aspetto paradossale è che la deputata ha accettato di rispondere alla domanda senza tener in nessun conto né tantomeno denunciare l'eccentricità di quella situazione.

Sembrano piccolezze, invece sono questioni aperte, lesioni vive del sistema democratico.

Silenzio.

La frana di ieri si fa valanga. E il risultato di una tale disfatta, di questa erosione di fiducia dovuta a una immagine sempre più sfocata, contraddittoria, mai lucida, netta, inequivoca, si vede oggi alle urne. Quanti di noi non riescono più a votare?

Il rosso va via dalla bandiera, ma anche il *rosé* inizia a stingersi, al punto che ogni questione, anche quella minima, offre alla sinistra quasi sistematicamente due opzioni: una a favore e una contraria. Si supera il moderatismo e si abbraccia l'idea dell'uno e del suo opposto.

Non esserci, o esserci senza farsi notare, è la sventura che può capitare a coloro che – come chi scrive – hanno sempre impugnato una bandiera, ritenendola vessillo di libertà piena e indiscutibile. Quante marce per essere vicini – per esempio – al popolo palestinese, da sempre oggetto delle decisioni irrevocabili di Israele di fiaccare il diritto ad avere una terra facendo avanzare le colonizzazioni in Cisgiordania, e tradito anche dalla strategia ostruttiva dei Paesi arabi – in teoria fratelli – che hanno alimentato la crisi politica interna palestinese irrobustendo e finanziando la struttura operativa delle fazioni terroristiche.

Ma dopo l'attacco di Hamas, la carneficina del 7 ottobre 2023 di donne, anziani, bimbi in terra d'Israele, fatti oggetto della crudeltà più feroce, noi di sinistra potevamo invocare ancora «due popoli e due Stati»? Potevamo, nonostante l'or-

rore, criticare il governo israeliano per la sua politica aggressiva nei confronti dei palestinesi? Potevamo scendere in piazza, chiedere la pace e condizioni di civile coesistenza?

Il Pd si è visto e non si è visto. In marcia, ma senza bandiere. Vicino alla Palestina, ma dietro Israele. Qui la medietà non è da intendersi come doppiezza, ma come la rivelazione di una straordinaria timidezza, del timore che ogni posizione presa producesse sempre una difficoltà ulteriore e un equivoco, e che dunque fosse meglio dribblare il tema e mettersi all'ombra dell'albero del dubbio.

Per fare un altro esempio: davanti al drammatico conto dell'evasione che toglie oltre 80 miliardi di euro all'anno al gettito fiscale, e questo significa meno soldi al welfare, meno tutele per i più deboli, meno finanziamenti agli ospedali, meno sostegni all'istruzione pubblica, tutti temi un tempo bandiera della sinistra, cosa è stato fatto? Quali battaglie per arrivare a definire una posizione netta, limpida, inequivocabile?

Alleggerire il peso delle tasse significa impegnarsi a farle pagare a tutti. Sarebbe un punto d'incontro plausibile, comprensibile con tanti cittadini che lamentano l'entità eccessiva dell'imposizione. Ma qualcuno sa dirmi con quale impegno la sinistra ha portato avanti questa promessa: far pagare meno, far pagare tutti?

È rimasto uno slogan, utile, come al solito, a decretare chiusa questa partita di civiltà e indiscutibile ormai la persistenza dell'evasione fiscale.

Sarebbe stato preferibile riaprire con fermezza il conflitto con chi si sottrae ai doveri di solidarietà godendo però dei diritti – all'istruzione, alla salute, alla sicurezza – alimentati soltanto dalla contribuzione di pochi. Una ingiustizia enorme, impossibile da digerire.

Una sinistra che si rispetti dovrebbe avere il coraggio di spiegare come stanno le cose. È vero che esistono le grandi multinazionali che evadono, ma è certo che il gettito che sottraggono al fisco è meno di un terzo di quello che i commercianti, gli autonomi e il mondo delle piccole imprese fanno evaporare.

I primi, i grandi ricchi evasori, grazie purtroppo al paradosso dei paradisi fiscali allestiti da Paesi all'interno dell'Unione europea, privano le casse pubbliche di ben 7 miliardi di euro all'anno.

I secondi, la somma dei piccoli, portano via 31 miliardi, il 69 per cento del gettito atteso da quell'area contributiva.

Dirlo avrebbe significato aprire un fronte con il popolo delle partite Iva, con la schiera degli autonomi, dei piccoli negozianti, ma avrebbe restituito al dibattito pubblico un linguaggio di verità e prodotto ciò che non è più procrastinabile: l'alleggerimento della pressione fiscale.

Questo è il lavoro che deve fare la sinistra, questa è la fatica che tocca alla sinistra. La quale invece ha creduto di poter fare a meno della sua storia, di camuffarsi e raccogliere, grazie al travestimento, voti che altrimenti non sarebbero arrivati.

I fatti sono duri a morire; la memoria, per fortuna, non si cancella e la storia insegna che ogni furbizia, quando diventa sistema, si trasforma in una devianza dell'intelligenza.

Chiedere voti ovunque, seguendo la politica *gnè gnè*, ha bruciato il patrimonio di consensi, il capitale umano e politico, e ha smarrito il senso di una comunità. Se c'è chi ha voglia di recuperarla, di rintracciarla, si faccia avanti. Le cose da dire e quelle da fare aspettano da quel dì.

Governare per riformare

Nel febbraio del 2023, alle elezioni regionali in Lombardia e Lazio, l'affluenza crolla di trenta punti rispetto alla tornata del 2018. Nello specifico, in Lombardia vota il 41,7 per cento degli elettori, contro il 73,1 per cento di cinque anni prima. In Lazio va anche peggio: a esprimere la propria preferenza è il 37,2 per cento degli aventi diritto contro il 66,6 per cento del 2018. Cos'altro doveva accadere ancora, cos'altro avrebbe dovuto dire il Paese per manifestare la sua completa sfiducia, la ferma opposizione, il rifiuto senz'appello del sistema dei nuovi satrapi, i cosiddetti «governatori»?

Eravamo riusciti ad assestare un colpo fenomenale alle Regioni, a quell'avamposto del governo locale perdutamente avvolto nella nebbia degli scandali o della mediocrità.

In soli cinque anni, dal 2018 al 2023, Milano e Roma – le due città-traino d'Italia, le due metropoli crocevia degli affari e del potere, luogo di scambio della finanza, una delle quali ospita la Santa Sede, insieme collettori della società affluente – hanno visto svuotate le urne, annullate le schede elettorali, azzerata ogni passione politica. I cittadini di Lombardia e La-

zio, le due Regioni capofila, hanno politicamente decretato la bocciatura dell'esperienza regionale come si era sviluppata in principio, nel 1970. Per il bacino dei partecipanti e il rilievo delle istituzioni coinvolte, dei nomi in lizza, degli interessi in gioco, questo voto di protesta avrebbe dovuto disintegrare le cupole del potere decentrato, le mille correnti affamate della variegata sinistra progressista. E invece? Invece niente.

Eppure, rifiutando la scheda elettorale per il rinnovo dei consigli regionali delle due capitali d'Italia, pur senza alcuna forma di organizzazione o patto alle spalle, eravamo stati in tanti a dare un segnale forte, tale da svergognare il sistema ed esibire il supremo atto di resistenza passiva: la diserzione dalla cabina elettorale, la rinunzia all'esercizio di un diritto costituzionale. Un gesto, per il nostro Paese, a suo modo rivoluzionario (storicamente la sinistra è amica delle urne), che dava il senso della determinazione e dell'obiettivo da centrare. Radere al suolo ogni residuo di reputazione dell'istituto regionale, catalogarlo come incubatore di virus. Una volta tanto, in quell'assordante silenzio, aveva vinto la passione. Anch'io, naturalmente, avevo scelto di far parte del vasto fronte dei *desaparecidos*, degli incurabili, di coloro che non hanno nulla da chiedere alla propria Regione. Nessuna accidia, nessun astio, nessuna cattiveria contro la politica. Anzi, quella rinuncia collettiva mi era parsa l'espressione nitida di una foto di gruppo, di una nobile battaglia sommessa e innominabile per restituire moralità a un'istituzione malata, per denunciarne la modestia della classe dirigente, per segnare l'ora del cambiamento, della riforma necessaria.

Creare così grande scompiglio attraverso un'azione non concertata di tanti singoli, e dunque per forza di cose sotto traccia, non preceduta da roboanti proclami né chiassose di-

chiarazioni ai tg, ha voluto significare dare forma a una maturità nuova nella lotta per la responsabilità della politica. Ed è stata l'occasione per lanciare un ultimatum: così non si può andare avanti. È finito il tempo del salto in alto e in lungo, della pratica qualunquistica di inneggiare al simbolo nuovo, di affidarsi a soluzioni estemporanee, all'ultima trovata geniale, alla ricerca del miracolo last minute per la consueta garanzia della palingenesi.

Possibile che il campo stretto, largo o larghissimo del progressismo italiano non se ne sia accorto? Viene da pensare ai canyon americani, alle profonde fratture della roccia, alle fenditure che separano le pareti dell'una e dell'altra montagna; esattamente come noi di sinistra: loro, cioè gli eletti, da una parte; il resto del mondo dall'altra.

Avrebbero dovuto, gli eletti, prendere nota dell'atto di disamore verso la politica, del sincero e convinto documento collettivo di protesta e di sfiducia siglato e consegnato nelle loro mani in quel febbraio del 2023.

E allora – si dirà – si è indetta una riunione, si è avviata una riflessione sul destino delle Regioni, un dibattito sui motivi della cattiva reputazione che si sono guadagnate negli anni, magari un progetto di riforma, di rifondazione? Macché, nulla: non un atto né un convegno, un colloquio e nemmeno un'intervista, una frase, una parola. Tutto digerito in un amen dallo stomaco a prova di bomba di una classe politica che non ha più molto da chiedere. Malgrado ogni ragione, ogni evidenza, ogni logica.

La storia recente delle Regioni, purtroppo, risulta essere per lo più una lunga sequenza di atti di malgoverno attraverso cui gli italiani hanno imparato a conoscerle e a definirle come luoghi dell'ostruzione, della camarilla, nidi di una burocrazia

ancora più feroce e arrogante, più periferica e irresponsabile, emblema di un potere delegato più ignorante e complessivamente più deviato. Non ha senso ripercorrere le cronache degli ultimi vent'anni, piene di eventi grandi e piccoli, di manette ai polsi, di poltronifici, di nutrite parentopoli, di sprechi ingiuriosi verso i tanti che vivono in ristrettezze.

È storicamente provato che le competenze affidate alle Regioni hanno prodotto altrettanti fallimenti monumentali, rivelandosi macchine succhia-soldi con gestioni rocambolesche e incontrollate. Per capirlo basta prendere in considerazione le tre problematiche principali: sanità, formazione professionale e utilizzo dei fondi europei.

Partiamo dalla sanità: a che cosa è andata incontro negli anni? Declino, prima morale e poi finanziario.

La sanità è il più ricco portafoglio (oltre 100 miliardi di euro per il 2023) che la politica può permettersi di dare in mano agli assessori regionali delegati, di fatto più potenti di un ministro, più influenti di dieci senatori, eppure dal *cursus honorum* spesso problematico. Tanti fondi da gestire, tanti soldi che sovente foraggiano gruppi e singoli, al punto che le corsie dei nosocomi sembrano divenute le ultime sezioni dei partiti. Cattive pratiche e tentazioni eccessive per chi non ha fede nella politica ma solo nel conto in banca hanno generato corruzione e un colossale spreco di risorse. Gestioni proprietarie delle aziende sanitarie hanno dato vita alla più famelica rete di dirigenti che promuovévano o rimuovevano il personale sulla base di un unico parametro: sei con me o contro di me? Parenti, affiliati, galoppini di ogni risma hanno via via trasformato l'ospedale, il luogo della ricerca e della cura per eccellenza, nel modello più evidente e sperimentato della malapolitica.

A causa degli sprechi, fonte primaria dei clamorosi buchi di bilancio, si sono dovuti affrontare feroci riorganizzazioni, tagli dell'organico e la sostanziale privatizzazione dei posti letto. Ne è conseguito un decadimento sempre più accentuato, e durante la pandemia di Covid-19 è venuta a galla la crudele realtà: mancano i medici, mancano gli infermieri e i letti sono la metà di quelli che servirebbero. I pronto soccorso, nel crepuscolo dell'età pandemica, divengono una piaga indegna dove si sosta nella paura di morire, non nell'attesa di guarire.

La sanità è il buco nero del regionalismo, il tonfo più cruento e doloroso, il più palese e anche il più costoso per le casse dello Stato e per le famiglie italiane, senza che questa evidenza si sia mai tradotta nel benché minimo atto di autocritica o quantomeno di autocoscienza.

La Regione dov'è? Anzi: le Regioni dov'erano? Dentro la cucina di quegli scandali, sedute al tavolo con famelici commensali. E la sinistra? I partiti che avrei voluto votare, quelli che pure oggi voterei, quali battaglie hanno condotto finora? A quanto pare, nessuna.

E come hanno affrontato, poi, la débâcle sulla formazione professionale? Chi ha alzato anche solo un dito – non dico la voce – quando una tra le iniziative fondamentali per realizzare un mercato del lavoro degno di questo nome e dare un futuro ai tanti giovani ormai rassegnati all'eterno precariato si è risolta ovunque in un enorme buco nell'acqua?

L'Italia – ricorda l'Istat nel 2023 – paga l'assenza di competenze tecniche, il deserto di professionalità cruciali di cui abbiamo estremo bisogno. Se al calo demografico aggiungiamo il deficit di esperti accumulato negli anni – pochi diplomati tecnici, pochissimi in grado di soddisfare le esigenze dell'industria e della miriade di piccole e medie imprese –, ci rendia-

mo conto delle proporzioni del paradosso attuale. Abbiamo infatti circa 350.000 posti di lavoro scoperti, che corrispondono sostanzialmente da un lato al numero degli immigrati che stazionano nel nostro Paese senza permesso di soggiorno e dall'altro alla metà dei giovani italiani che avrebbe diritto a un'occupazione non precaria, ma stabile ed equamente retribuita.

Il gap tra domanda e offerta è un altro buco nell'acqua delle Regioni che danneggia gli italiani. Gli uffici di collocamento sono un tale colabrodo che la loro riorganizzazione non è neanche più all'ordine del giorno. Non serve l'ufficio pubblico di collocamento, c'è quello privato. Come sempre, la sinistra ha perso la trebisonda, ha smarrito la bussola, avallando l'idea che i corsi di formazione professionale sono e rimarranno per sempre nient'altro che il luogo della nullafacenza, della finzione, della costruzione fantastica di processi educativi.

Bastava dirlo che le Regioni erano un vuoto a perdere, e non avremmo sprecato tempo a verificare lo stato degli appalti e dei lavori per le opere finanziate con i fondi europei di sviluppo. Bastava dirlo che non siamo in grado di spendere il denaro dell'Europa, e ci saremmo risparmiati la litania del Sud che è più povero del Nord, del Mezzogiorno ridotto all'osso rispetto alla polpa padana, della progressiva desertificazione, una sciagura demografica ancora non percepita e vissuta come tale. Bastava dirlo che abbiamo affidato il nostro futuro a un'istituzione nemica.

La Regione si è trasformata nella piazza in cui funzionari di minore prestigio gestiscono fortune politiche e i più importanti pacchetti finanziari del Paese.

I residui passivi, i finanziamenti non tradotti in appalti, la

spesa non realizzata – tra sprechi, opere incompiute e quelle bloccate a causa di indagini giudiziarie – hanno contrassegnato gli ultimi vent'anni di gestione dei fondi europei. Per tanto tempo la soglia media dell'utilizzo annuale dei fondi disponibili è stata uno sconfortante 25 per cento, a volte il 30. E così i lavori infiniti diventano sempre più numerosi, i progetti si moltiplicano, la politica scorge nuove speranze, spesso inutili, e tutto fila via così.

La sinistra, ancora una volta, dov'è? Una sinistra senza popolo non ha certo a cuore l'evidenza, la portata enorme del malgoverno, a volte del malaffare, il disgusto per la reiterazione non soltanto delle pratiche da cui hanno origine le varie corruttele, ma anche dei nomi di chi dovrebbe essere chiamato a recidere il legame con il mondo degli affabulatori, degli ingegnosi possessori della virtù di progettare l'impossibile e lasciare l'opera a metà, a due terzi. L'incompiutezza come stile di governo.

Quanti punti avrebbe guadagnato agli occhi dei cittadini il mondo progressista se si fosse reso protagonista della battaglia campale contro questo sistema di governo?

Quanto supporto, e magari quanti voti in più, avrebbe raccolto se avesse preso per buono il giudizio dei suoi elettori, la loro scelta di astenersi dall'elezione di consessi screditati, di giunte inguardabili, di governatori destinati a essere i volti di una satrapia ormai radicata e indiscutibile?

La più grande operazione di dismissione politica decisa dal basso, la più corale delle azioni di dileggio culminate con l'atto supremo della disistima e della sfiducia, avrebbe dovuto imporre di dare una risposta, di arrivare a una decisione, o almeno a una deduzione da parte della classe dirigente.

Cosa dobbiamo sapere di più? La sfiducia si espande a

macchia d'olio anno dopo anno e non trova limiti né resistenza, non trova vergogna né pudore a fare da argine.

Un caso per tutti. Un consigliere regionale del Lazio, Franco Fiorito, noto col soprannome di «Er Batman», condannato per le sue «spese pazze» in Regione.

Ogni eccesso è consentito, ogni richiesta appagata, ogni abuso legittimato dal titolo elettorale. È il mondo dell'abbuffata in senso proprio e metaforico, del potere che non trova ostacoli e del lusso che non conosce confini. Episodi come questo, modesti nelle cifre assolute, sono però illuminanti del costume politico in vigore, del marchio delle gestioni regionali.

Tanti sono stati presi con le mani nel sacco. Niente è accaduto. Nessuno tra coloro che hanno le maggiori responsabilità ha aperto bocca, nessuno dice, obietta, contesta, propone. O anche soltanto si allarma, si adira. Ci avesse provato la sinistra a ingaggiare con questa linea di governo una guerra senza confini...

Ma può farlo senza che dai suoi armadi saltino fuori tutti gli scheletri? E soprattutto, vuole farlo?

Dopo la riforma elettorale del 1993 che ne ha introdotto l'elezione diretta, i presidenti di Regione hanno preso a farsi chiamare «governatori». Definizione americaneggiante, abusiva, soprattutto falsa rispetto alla realtà, ma che nel tempo si è consolidata. E questa falsificazione del ruolo è stata compiuta così bene da diffondere nel resto d'Italia l'idea che i governatori, a casa loro, cioè nelle Regioni, potessero fare ciò che gli pareva, come gli pareva e per il tempo che gli pareva.

Ha iniziato appunto Roberto Formigoni, conosciuto come «il Celeste» al tempo in cui dominava il Pirellone, la sede della Regione a Milano. Entra in carcere il 22 febbraio 2019 per scontare una condanna a cinque anni e dieci mesi di reclusio-

ne per corruzione. Lasciato il carcere, l'amore di un tempo gli si rifà innanzi. Si riscrive a Forza Italia e – stando alle cronache – sarebbe addirittura pronto a riproporre il suo nome per un'altra corsa.

Ma è nel Pd che un trio di governatori, entusiasti della propria autorevolezza e stimatissimi da se stessi per la capacità di gestire il potere in assoluta autonomia, è divenuto azionista, chi di maggioranza e chi no, di questa particolare S.p.A. che va sotto il nome di Partito democratico. Anzitutto i tre, Stefano Bonaccini, Vincenzo De Luca e Michele Emiliano (lasciando da parte il quarto, il toscano Eugenio Giani, più affaticato e ormai nelle retrovie), così sicuri del loro bottino elettorale, del tesoretto di voti e anche della forza espansiva del loro potere apparentemente decentrato, hanno iniziato a sviluppare personali idee di partito e di democrazia. In particolare, Stefano Bonaccini, sconfitto nella corsa alla segreteria del partito, ha fatto di più: ha appoggiato la richiesta leghista della cosiddetta «autonomia differenziata», senza badare agli effetti collaterali di una secessione nei fatti che tutela le aree più ricche a discapito di quelle già svantaggiate, già esauste economicamente, già in debito di ossigeno. Un aumento abnorme di poteri rispetto a quelli esistenti già assai cospicui, con un flusso finanziario che sancirebbe la definitiva divisione dell'Italia attraverso quella che ha preso il nome, appunto, di «secessione dei ricchi». Insomma, il Nord ancora più ricco, il Sud ancora più povero. Ampliare le disuguaglianze è sempre un'azione poco virtuosa, ma sostenerla da sinistra diviene quasi un'azione delittuosa.

Lombardia, Veneto ed Emilia-Romagna sono stati il trio egemone, teorico del federalismo espansivo nel paradosso incomprensibile – vista la storia del regionalismo in Italia – di premiare chi sbaglia, di dare forza a chi non ha saputo eserci-

tarla. Ricordare la pandemia, la catastrofica conduzione della gestione dell'emergenza sanitaria da parte della Regione Lombardia; i morti della Val Seriana, lo straniamento, lo sconforto, lo spavento, l'assoluta inconsistenza delle misure immaginate: ricordare purtroppo non ha alcun valore politico. Tutto dimenticato e già perdonato.

Invece di interrogarsi sui motivi che hanno spinto le Regioni a chiedere nuove competenze e nuovi fondi e non a dare conto delle inadempienze, la politica è lì che aspetta di formalizzare l'upgrade: più soldi, più autonomia, più poteri. Una situazione talmente fuori dal normale che sarebbe stato difficile immaginarla, neanche per sogno o per scherzo.

Ma tutto ciò che è comico ha una propria teatralità e persino una spiegazione psicologica. E dunque Vincenzo De Luca, l'esponente del Pd che odia il Pd, l'uomo politico che da oltre un ventennio gestisce il potere rinfacciando il potere agli altri, ma è poi il dante causa della scelta monarchica, della trasmissione del potere per via ereditaria (due figli: il primo è deputato, il secondo è stato assessore). È un uomo di sinistra che utilizza il linguaggio più trito della destra, un borghese che all'occorrenza si fa proletario, confondendo élite e popolo, progetti e premonizioni. In questo calvario della logica, nell'interpretazione capovolta di qualunque principio, il Pd è rimasto senza fiato e senza voce. Come se l'incredibile pantomima messa in scena non lo riguardasse, non fosse all'altezza delle sue incombenze.

Se De Luca diviene titolo e volto per lo show televisivo di Maurizio Crozza, il Pd in cosa si trasforma?

Delle Regioni non si parla, sulle Regioni il Pd non muove foglia, anche perché gli azionisti citati, come detto, hanno potere decisionale e in un attimo l'élite spazzerebbe via chi dichiarasse guerra a questa istituzione così malmessa. L'assenza

di una rete di controllo fa sì che i governatori si sentano liberi addirittura di decidere come e quando ricandidarsi, senza alcuna relazione con le scelte del proprio partito e nessun rispetto per le eventuali deliberazioni contrarie al proprio indirizzo. Nel retrobottega del loro ufficio cambiano la legge che limita il numero dei mandati, manifestando la presunzione di essere i padroni assoluti di una cassa elettorale enorme. Ancora silenzio, nessuno fiata.

Il pensiero e l'aspettativa di trovare almeno i 5 Stelle pronti a dare battaglia campale contro i nuovi satrapi della politica italiana era comprensibile, logica, persino naturale.

Chi, se non i grillini, avrebbe dovuto affrontare questa «madre di tutte le lotte»? Chi, se non i 5 Stelle, avrebbe potuto mettere in fila gli scandali e illuminare la protervia con la quale si avanzano nuove richieste di un'autonomia ancora più ampia a fronte di esercizi irresponsabili di quella già esistente?

Quel movimento è l'unico che ancora non subisce al suo interno l'ostruzionismo dei vari gruppi locali e di una burocrazia regionale che nelle altre formazioni costituisce il nerbo dell'apparato dirigente. Di più: le continue sconfitte nei turni elettorali locali fanno sì che il movimento venga liberato da ogni interesse localistico e proiettato a diventare una formazione nazionale, una forza che si esprime compiutamente e quasi prevalentemente nell'elezione del Parlamento. Un partito d'opinione, per essere più chiari.

Ci sarebbe campo libero, se solo si volesse sottoscrivere una battaglia di principio per riformare le Regioni, asciugare il potere che oggi esonda, ridurre il flusso finanziario, riqualificare il ceto politico e soprattutto rinnovarlo attraverso una campagna viva, appassionata, tenace.

Servirebbe rispondere alla richiesta popolare di cambia-

mento, ridare fiducia a chi l'ha persa, visti i voti che si sono dileguati. Accendere negli elettori una speranza, prospettando un nuovo obiettivo in grado di restituire il senso di una marcia comune: abbattere queste Regioni e magari edificarne di nuove, promuovere forme innovative di consultazione popolare per riattivare la connessione con il corpo elettorale, il legame sentimentale con chi ha perso fiducia e soprattutto la volontà di contribuire di persona a dare una mano.

Quale fragorosa novità sarebbe, nel tinello sempre uguale della politica, attivare tutte le forze disponibili per tappare il buco nero del regionalismo, ritrovando finalmente uno scopo comune? E non dovrebbe essere proprio questa la ragion d'essere di una forza politica che vuole investire sul futuro?

Invece, ancora una volta: silenzio assoluto. L'ignavia dà la misura dell'inconsistenza. Il disinteresse verso il cambiamento assume le fattezze di una quiescenza insostenibile: stare nella penombra, riducendo ogni rischio e affidandosi a chi ancora vota, alla minoranza che decide per tutti, accettando di cavalcare la polemica quotidiana, il conflitto parolaio, specialmente quello da talk show, per vivere all'opposizione felici e contenti, mai ricettivi verso ogni segno di rivoluzione gentile.

Come se la società non avesse chiesto un'operazione di verità e di pulizia, come se i mille sprechi non si fossero abbattuti sulla politica sporcandone l'onore, come se le ruberie non avessero minato la reputazione di tanti attivisti e rappresentanti che nella politica come servizio e come passione, invece, ci credono.

Quanto appoggio e quante attenzioni avrebbero raccolto i progressisti, se avessero intonato il *de profundis* a questo sistema regionale, se, per esempio, avessero dichiarato apertamente la propria ostilità e annunciato una campagna per ridurre le competenze delle Regioni e per l'effettivo esercizio

di rendiconto dell'attività svolta. L'*accountability* è un principio consacrato nell'amministrazione pubblica statunitense, che consiste appunto nell'obbligo di rendere conto al cittadino dei soldi spesi, delle modalità con cui si è gestito il fondo cassa, dell'efficienza della burocrazia interna, della trasparenza dell'ufficio pubblico.

Fare dell'*accountability* un punto fermo, un'esigenza imprescindibile nel processo verso una gestione degli affari pubblici davvero trasparente sarebbe una battaglia di civiltà.

Quanta gente avrebbe applaudito, quanto bene avrebbe fatto alla sinistra una nuova conduzione della lotta agli sprechi?

In Regione spesso siede chi non ce l'ha fatta a entrare in Parlamento e la poltrona di riserva gli vale comunque un'indennità di carica di poco inferiore a quella senatoriale. La retribuzione coi fiocchi fa gola a tanti, amplia la platea dei concorrenti senza però far lievitare la qualità della competizione. Sono i panchinari della prima squadra, quelli che non hanno raggiunto Montecitorio e Palazzo Madama, a essere deviati verso la ricca periferia del potere. Con il tempo, e con la dote finanziaria assegnata, la classe politica regionale si autoalimenta e si espande. E così, nel terzo tragico passaggio, la forza delle cosiddette «autonomie» è tale che i partiti divengono appendice dei governatori stabilendo il paradosso della piramide rovesciata, il principio aberrante del sottosopra. Il centro obbedisce alle regole dettate dalla periferia, e la periferia subisce le disposizioni imposte dal *dominus* del territorio.

La forza delle clientele e la pompa finanziaria che le alimentano aggiungono all'esercizio di ampi poteri riconosciuti e di una visibilità altrettanto significativa l'idea che neanche una carica ministeriale è paragonabile all'estensione di questo

ufficio, che aumenta sempre di più la propria autonomia e la sostanziale insindacabilità politica.

Nessuno ha fatto i conti, e dunque adesso non possiamo lamentarci davanti alle manifestazioni sempre più esplicite della tracotanza di questi protagonisti. «La riforma costituzionale non prevede limiti al mandato del premier. E perché a quello di noi governatori sì?» ha chiesto il leghista veneto Luca Zaia. Anche l'emiliano Stefano Bonaccini, dall'altra parte dello schieramento politico, è parso sentirsi ancora in gara.

Nemmeno l'ombra di una riflessione sul valore democratico del limite dei mandati, del ricambio al vertice come principio generativo della moralità pubblica, vantaggio per una carica aperta all'alternanza e obbligata, perché il suo potere non è infinito, a sviluppare la propria azione di governo senza troppi pruriti clientelari.

Invece nelle Regioni, feudi indiscutibili, esattori come pochi del frutto della rete di relazioni, si apre l'età della monarchia assoluta. Incostituzionale, ma assoluta.

La sinistra si rivela distratta, lontana dalla sua gente, indifferente a ogni torsione della democrazia.

Ma gli elettori cosa avrebbero dovuto dirci di più chiaro e definitivo?

Caccia al candidato

Quanto è stata svergognata la sinistra da interpreti arruolati all'ultimo minuto?

Quanto abbiamo pagato noi elettori delusi e quanto patiamo l'esclusione dalla decisione, dalla scelta?

Quanto è amaro il tragitto verso l'astensione, unica alternativa concessa?

Il vero cambiamento, la trasformazione lessicale, la soppressione di ogni sentimento risalgono a vent'anni fa. L'idea di distribuire le candidature come se fossimo al supermercato venne al tempo del declino della militanza, a cavallo tra i due secoli, il Novecento rosso antico e gli anni Duemila che aprivano al nuovo mondo. Invece di chiedersi perché stesse ormai tramontando la convinzione che l'amore tra la base della piramide politica e il vertice del partito fosse immutabile, duro ed eterno come il marmo di Carrara, e ragionare sui motivi per i quali persino il militante a indicazione geografica protetta (quello emiliano, per intenderci) stesse iniziando a latitare nei circoli, nelle piazze e finanche alle feste dell'Unità, venne fuori la trovata delle «figurine». Si trattava di presentare alla

società nomi e immagini collegate ai ruoli e alle funzioni della sinistra, senza però impegnare i nomi e le gesta di coloro che manifestavano davvero passione e impegno. Una sorta di «esternalizzazione della candidatura», di appalto a terzi della faccia e dell'esperienza dei personaggi utili a soddisfare le necessità del momento. Un volto di successo per il brand del militante felice, appagato dalla fatica e dall'impegno solidale.

Ed ecco che il brand ha iniziato a contare più delle idee, e i figuranti hanno preso il posto dei militanti.

Il casting politico serviva a scovare il migliore tra i profili degli operai, il più suggestivo tra gli imprenditori affascinati dalla politica, e così via. Acquisendo da fuori il pacchetto pronto, la faccia pulita, la storia strepitosa, si coniugavano rapidità di scelta ed efficacia comunicativa e televisiva. Tutti – compreso il sottoscritto – eravamo certi che l'orizzonte ideale della sinistra continuasse a risiedere nella fede antica nel sol dell'avvenire, cioè che su questa terra siamo tutti uguali. E il progresso ci dava la possibilità di ambire all'uguaglianza, ma soprattutto a una vita in cui non passasse giorno senza aver acquisito un diritto in più rispetto a quelli garantiti fino ad allora. Era l'investimento sul futuro, l'idea che il progressismo accompagnasse la marcia verso il continuo ampliamento dei diritti politici, economici e civili. Sempre meno distanza tra ricchi e poveri, tra élite e popolo.

Pensavamo che la giustizia servisse appunto a regolare, nel dosaggio imparziale dei suoi provvedimenti, l'equilibrio tra i poteri, e che dovesse garantire anzitutto la libertà in ogni manifestazione della nostra vita. Credevamo che la radice della libertà universale, assoluta e incoercibile, dovesse essere in cima all'elenco dei diritti umani, e ci conducesse a ritenere la felicità, o, meglio, la ricerca della felicità, un diritto inaliena-

bile quanto quello alla libertà. Certo, la felicità non può essere imposta per legge, non è il frutto automatico di un provvedimento, ma di sicuro la politica può offrire prospettive e contributi per orientarne la ricerca.

E invece per la classe dirigente i problemi erano altri. Rimodulare l'eloquio, per esempio, valorizzare il vestito, nel senso che anche l'abito fa il monaco e dunque meglio rifornirsi di cravatte a modo, ché non si sa mai. Il presente sapeva di vecchia scuola comunista, quella delle Frattocchie, la località dei Castelli romani dove si formava la classe dirigente. Le frasi lunghissime, gli stereotipi, i vezzi verbali, il richiamo a volte ossessivo, certamente fuori tempo, della parola «compagno» erano ostacoli da superare, una deviazione nel tragitto verso la piena legittimazione da parte degli americani, ancora impegnati a valutarci per la conquista a pieno titolo del diritto di governare.

Offrire volti nuovi, giacche e cravatte alla moda, uno stile comunicativo più pop dovette sembrare la soluzione definitiva, il tocco magico per abbattere l'ultima barriera che separava la sinistra post-comunista da Palazzo Chigi. Servivano nomi in linea con la sfida epocale lanciata dal berlusconismo.

Da parte di chi guida la sinistra, il Duemila si apre dunque con la scoperta di una via corta non al socialismo, ma a un riformismo «levigato». Una sinistra leggera leggera, frizzante, briosa e un po' evanescente. Prudente, gentile, benpensante, conservativa. In molti restammo fuori dalla porta, nel dubbio che qualunque travestimento crea l'equivoco e certo non risolve il tema dell'identità: chi vogliamo essere, dove vogliamo andare, quale società vorremmo costruire. Che cosa ci piace e che cosa no.

Il travestimento (verrebbe da dire il «trasformismo ideo-

logico») forse avrebbe condotto il nostro partito alle poltrone, di sicuro non al cambio di stagione, a una politica in cui «riformismo» non facesse mai rima con «moderatismo». Avere idee chiare e metterle in pratica era un modo per onorare la nostra storia e dare corso alle battaglie che ci avevano contraddistinto.

E invece nel decennio che apre il nuovo secolo assistiamo al confezionamento di una sinistra che accetta amputazioni progressive della propria identità.

Alla società italiana invaghita del sogno berlusconiano di rendere tutti più ricchi viene proposto qualcosa che certo non può raggiungere le vette del tycoon che si autoassolve, si autopremia, si autoattribuisce funzioni divine («sono l'unto del Signore»), ma che risulti quantomeno competitivo con l'abbagliante capitalismo dell'uomo di Arcore.

Berlusconi riusciva a ottenere non solo ascolto, ma addirittura ammirazione. Più gonfiava il petto e più il suo piatto si arricchiva. Ricordo – e chiudo l'amarcord – l'esperienza terrificante di vari pomeriggi trascorsi insieme agli elettori di Forza Italia, famiglie entusiaste raccolte sotto la bandiera tricolore che aspettavano nelle piazze dei suoi comizi di ottenere dal grande leader l'investitura salvifica: con una mano sulla spalla, immaginando di impugnare lo spadone, li avrebbe resi guerrieri della libertà.

Dirlo oggi, scriverlo oggi, suscita imbarazzo. E anche il timore che in effetti allora ci fosse un deficit collettivo, un problema della società italiana più acuto e grave, più profondo e complesso.

I motivi che hanno condotto alla nascita del Partito democratico tenevano conto anche di questa incandescente e straniante novità politica. Ed ecco le contromisure, diciamo così,

della mia parte politica: ridurre il rosso a pura suggestione, relegare in cantina Marx, seppellire la parola «comunismo», chiudere con l'era troppo hard del laburismo britannico e avviare in doppiopetto la stagione *gnè gnè*.

È la teoria del «mix saporito ma non troppo», della necessità di grattugiare insieme socialismo e liberismo, ateismo e cattolicesimo, progressismo e conservatorismo, e produrre anche a sinistra un laburismo dolce, morbido, dal sapore adatto a gusti differenti.

Un partito che non si perdesse più nei cantieri navali genovesi, nella durezza delle lotte dei camalli o in quella degli operai Fiat, nelle piattaforme della Cgil o in quelle dei sindacati della scuola, ma raccogliesse una varietà di posizioni in una indistinta macedonia.

Le sezioni divennero circoli e l'unione del Pds (poi Ds) con il Ppi, della sinistra con il centro, dei comunisti con i democristiani, fecondò il Partito democratico.

Walter Veltroni, maestro della comunicazione televisiva, lancia il Pd come la forza maggioritaria e aperta a ogni buona istanza sociale. Sotto quella sigla, la grande coabitazione: tutte le opzioni politiche hanno diritto a essere rappresentate. Esattamente come accade negli Stati Uniti.

Per fare prima, Veltroni inizia dai titoli di coda del film che immagina di proiettare: sceglie i candidati puntando su figure, anzi figurine, che risolvano la questione dell'identità. Siamo socialisti e anche moderati. Progressisti e anche conservatori. Stiamo con gli operai e anche con Confindustria. Siamo il partito degli amministratori delegati, dei creativi e pure delle maestranze. Anche dei liberi professionisti. Anche delle partite Iva.

Si combina talento e merito, si shakera la burocrazia, si teorizza la coesistenza del bravo con il meno bravo.

Al Lingotto di Torino, il 27 giugno 2007, dove si tiene a battesimo il nuovo partito, Veltroni consegna i testimoni della narrazione che ha designato lui per tutti. Finite per sempre le lungaggini delle assemblee di circolo, delle candidature del territorio, del voto per ratificare la scelta e delle inquietudini che quel voto provoca.

Gli attori protagonisti, le figure cardine del partito, sono tante cartoline consegnate al popolo. I volti nuovi sono un'illustrazione sociale della rinnovata identità politica e però sono figli della cooptazione. Un casting fatto per bene, un assemblaggio di virtuosi e di commedianti.

Noi elettori restiamo in attesa e possiamo solo accettare. Il sistema di voto ci offre il pacchetto tutto compreso: prendere o lasciare. L'Italia divisa in collegi maggioritari e il nome unico da eleggere: che sia di sinistra, di centro o persino un po' di destra, non ha importanza. È dell'Ulivo? È contro Berlusconi? Deve andar bene per forza.

Ed è allora che il buon Veltroni, alle elezioni del 2008, fa rappresentare il partito in Piemonte non a un campione delle lotte operaie e del contrasto alle ingiustizie in fabbrica, ma ad Antonio Boccuzzi, scampato alla mostruosa morte che coglie i suoi compagni nella tragedia delle acciaierie ThyssenKrupp, che riempie per mesi le pagine dei giornali, con l'attenzione pubblica concentrata sul tema della sicurezza. Boccuzzi, dunque, in nome di tutti gli operai. Non si comprende se rappresenti la stagione del lavoro in fabbrica oppure, in quanto vittima di quest'ultima, suggerisca unicamente fratellanza e solidarietà.

Una cosa è certa: toglie al Pd l'incombenza della ricerca – magari appesantita da mille riunioni e troppe divisioni – di una voce originale sul lavoro alla catena di montaggio, e si

presenta agli elettori come un esponente degli ultimi della fila. Poteva andare meglio di così?

Quel simbolo chiamato a rappresentare il mondo operaio, le classi più umili della società, viene subito equilibrato dall'ingresso di un notevole industriale, già presidente di Federmeccanica, l'associazione di categoria dei datori di lavoro delle imprese meccaniche: il veneto Massimo Calearo Ciman. Una famiglia illustre e neanche un filo di amicizia con le battaglie della sinistra, neanche un alito di condivisione con le idee progressiste. Mai entrato in una sezione, mai nemmeno vista. Calearo lo dice con una sincerità e persino con una disinvoltura che illustrano il nuovo corso del partito: niente del vecchiume del Novecento, nulla del rosso antico. La società liquida, l'avanzata tumultuosa di internet, la rivoluzione digitale alle porte... Calearo in effetti sembra più di destra che di sinistra; eppure fa scena, piace, convince, forse proprio perché è diverso, lontano dall'immaginario solito, perché parla come un «padrone» che non ha molta dimestichezza con chi non è del suo giro, figurarsi con i «comunisti».

Mettere sullo stesso piano Boccuzzi e Calearo sembra la prova provata della svolta maggioritaria: l'uno e l'altro, ieri appartenenti a due mondi opposti, oggi insieme, per cambiare l'Italia nell'unica fede della democrazia e sotto lo stesso tetto, quello del Pd.

Eravamo orgogliosi di aver difeso la classe operaia? Sì, ma.

Eravamo forti del nostro laicismo? Avevamo onorato le nostre battaglie, a cominciare dal conflitto di interessi? No, però.

Com'è andato a finire l'esperimento? Il primo ha cambiato partito e poi è scomparso dalla scena politica. Il secondo ha cambiato non uno, ma due partiti, e alla fine ha votato per Sil-

vio Berlusconi, diventando suo consigliere personale al tempo in cui il Cavaliere era presidente del Consiglio.

Resiste la convinzione che la scelta di Veltroni sia quella giusta: con un Berlusconi esplosivo, così va il mondo, un po' tutto sottosopra.

E del resto, dovevamo aspettarcelo. Risale all'inizio dei meravigliosi anni Duemila il discorso alla Camera più vero e più triste, che dichiara a lettere di fuoco ciò che la sinistra non ha fatto e non farà mai più, la causa prima e autentica delle sconfitte che verranno e delle delusioni di tanti (compresa la mia).

28 febbraio 2002, Luciano Violante, un autorevole membro dei Ds e fino al 2001 presidente della Camera dei deputati, prende la parola e rivela: «Ci avete accusato di regime nonostante non avessimo fatto il conflitto di interessi, avessimo dichiarato eleggibile Berlusconi nonostante le concessioni tv e Mediaset avesse aumentato, durante gli anni del governo del centrosinistra, di venticinque volte il fatturato».

È un colpo al cuore per noi militanti, che ci abitueremo col tempo al casting, alle candidature di personalità estranee e anche disinteressate alla nostra storia, con lo stupore che cresce davanti all'attività degli eletti, ai loro primi pensieri e alle prime proposte. Ma quella dichiarazione di connivenza con l'avversario è una mazzata tremenda, il tradimento finale.

Quel che accade dopo è il progressivo travestimento della leadership che deve nascondere i suoi avi, i suoi natali, persino le idee. Deve fare finta di essere altro da quel che è stato, perché c'è Berlusconi che non perdona. Un processo che dura tutt'oggi.

L'orgoglio di essere stati comunisti, di aver creduto in una società giusta, nella solidarietà e soprattutto nella libertà più

piena e densa finisce per essere giudicata una mera suggestione, una sorta di effetto ottico. Da allora in poi, la nostra difesa è infiacchita dai continui distinguo, dalle precisazioni, dalle rivisitazioni.

La sinistra si cambia d'abito, si apre una nuova stagione e, come dimostra Massimo D'Alema, sarà spettacolare.

Torniamo indietro nel tempo, al 13 ottobre 1997, nel salotto di Bruno Vespa, l'«equivicino» per antonomasia, un giornalista che è riuscito con un sapiente equilibrismo a restare sulla breccia in tutte le condizioni, con tutte le maggioranze. Così potente che nessuno, figurarsi quelli di sinistra, si permette di obiettare, men che mai censurare, di certo non di commentare le modalità dell'esercizio della sua professione.

Quella sera a *Porta a porta*, talk show che si perde nella notte dei tempi, Fabrizio Rondolino, allora portavoce di D'Alema, segretario del Pds, nel pieno della battaglia per le riforme (c'è di mezzo il semipresidenzialismo a doppio turno), propone a Vespa una versione inedita del suo capo. Lui cucinerà un risotto, e in studio lo chef Vissani a commentare. Vespa accetta esultando e apparecchia, D'Alema cucina («A me un coltello, un coltellaccio, ci vorrebbe una mezzaluna per il prezzemolo!»). Show fantastico, un successo.

Nei mesi precedenti D'Alema aveva già provveduto ad altre trasformazioni: accusato di vestire secondo un gusto troppo popolare, indossando capi di bassa fattura, cambia sartoria e sfoggia solo camicie su misura, abiti cuciti a mano, scarpe artigianali.

Cambiano le idee e anche le cravatte, cambiano le trattorie e i cuochi. Cambia un mondo.

Ecco, anche da lì, da quella trasformazione, ha origine il mio dispiacere, la disistima verso dirigenti che hanno immaginato

di nascondere l'altro mondo, da cui anch'essi provenivano e che appariva inadeguato a sostenere il cambio di passo. È la cosiddetta «svolta governista»: appiattire, ridurre, smussare, far dimenticare ogni asperità, anzi, diciamo meglio, ogni diversità.

Ricordo che a D'Alema venne quasi un coccolone quando fu costretto, nella sede di una università americana, a rispondere alla domanda piuttosto banale di uno studente: «Lei è stato comunista?». Con una lunghissima e tormentata perifrasi spiegò che lui era divenuto altro, che non c'entrava più nulla con quella tradizione. Anziché illustrare con fierezza le ragioni della propria militanza e magari con orgoglio anche le sconfitte, rilanciando le nuove proposte, si rifugiò nella confutazione della propria identità di singolo. Come se fosse una colpa, un peccato mortale essere stato comunista.

Notavo al tempo che i dirigenti del Pd, e prima ancora quelli del Pds, fischiettavano nervosi ogni volta che Berlusconi ripeteva, come un disco rotto: «Ecco i comunisti». Parlava di comunismo e comunisti come se l'Italia fosse lì lì per essere governata da malfattori e illiberali, da gente che tradiva il popolo, e non da chi aveva dato la vita per combattere il fascismo e consegnare al Paese esausto del dopoguerra una Costituzione avanzata e aperta.

Capirete bene che a me, elettore di sinistra, appassionato della vita e delle opere dei leader progressisti nel mondo, delle grandi battaglie di libertà che ovunque erano condotte da chi stava dalla mia stessa parte, questa voglia di camuffarsi iniziava a sconcertare.

E lo sconcerto è aumentato man mano che le figurine si moltiplicavano e la plastica foderava tutto l'universo della sinistra. Il Pd è divenuto un partito incomprensibile, dove si riciclano i temi così come le persone.

Nella triste evocazione di questa galleria, troviamo la parabola di Aboubakar Soumahoro alle politiche del 2022. Giovane immigrato, impegnato nella difesa dei braccianti, vive un'esplosione di notorietà quando in Calabria un bracciante intento a costruirsi la propria baracca di lamiera viene assassinato per le sue lotte sindacali. Da quel giorno la stella di Soumahoro sale sempre più su. È immigrato lui stesso, lotta insieme agli ultimi, difende gli invisibili. È giovane e di bell'aspetto, dai modi educati, misurati, ha studiato in Italia e parla benissimo la nostra lingua. Laureato a pieni voti alla Federico II di Napoli, è il volto nuovo, forte, libero e onesto. Giornali e televisioni lo accompagnano ovunque e la sinistra radicale lo ingaggia. Il meglio del meglio del meglio nel mercato aperto delle candidature.

Soumahoro viene portato a Modena, il collegio superblindato della sinistra. Viene bocciato nel collegio maggioritario, ma ripescato nel proporzionale. È lui l'uomo che mancava, il sindacalista che aspettavamo? È lui il papa straniero?

La sinistra si stava costruendo non solo un candidato, ma addirittura un leader?

Appena un anno dopo aver messo piede in Parlamento – davanti alle cui porte calza stivaloni sporchi di fango «per rappresentare sofferenze, desideri, speranze. Per chi è sfruttato e chi ha fame», come scrive in un tweet – una bufera giudiziaria si abbatte su moglie e suocera, per presunti reati fiscali. «Esiste il diritto all'eleganza» dice Soumahoro quando gli si chiede cosa ne pensi della borsa Vuitton al braccio della moglie. Lì finisce il suo tempo politico. Ma non quello di chi l'aveva candidato, nell'imbarazzo di un nome che la televisione aveva lanciato e che sempre la televisione ha ingoiato.

E del resto anche i 5 Stelle, nel campo largo del progresso, appena possibile hanno emulato gli altri.

Come presidente della Regione Lazio candidano, contro un esponente del Pd, Donatella Bianchi, giornalista e volto televisivo, nota ai più perché per anni ha condotto *Linea blu*, programma settimanale di Rai 1 sulle bellezze del nostro paese. Per due mesi Bianchi perora la causa; poi, chiuse le urne, sconfitta, annuncia di rinunciare a prendere parte al consiglio regionale. Era una figurina, e tale voleva restare. Solo se si vince si rimane in partita.

Che fare, dunque? Basterebbe riavvolgere il nastro al contrario. Tentare di cambiare il mondo, almeno un po', non cambiare il vestito. Mettere da parte le figurine e impostare il futuro del partito sulla dedizione di chi crede nella politica, di coloro che si impegnano ogni giorno. Credere nella sinistra significa credere nella giustizia sociale, nella libertà, nel merito. Ma bisognerebbe dimostrare nei fatti che i principi attecchiscono se sono coltivati nella pratica quotidiana, se divengono un'urgenza per tutti. Riavvolgere il nastro vuol dire far cambiare musica ai musicanti e, secondo me, cambiare anche i musicanti. Avendo, innanzitutto, rispetto per le regole.

Il ricambio è la linfa della democrazia, e allora non superare per nessun motivo (e senza possibilità di deroga) il numero dei mandati elettivi previsto dallo statuto significa imporre un rinnovamento delle classi dirigenti, ritrovare nella periferia il luogo attivo e propositivo in cui raccogliere adesioni e proposte, candidature e idee. Ridare senso al *cursus honorum*: da consigliere comunale, se hai fatto bene, poco alla volta guadagni posizioni. Se sei un talento, lo dimostri e ti imponi; ma devono essere i cittadini a certificarlo, non lo decreti tu.

Cambiare il mondo significa imparare a esercitare i diritti e a richiedere l'adempimento dei doveri. A tenere in conto il popolo lì dove vive, dove mangia, dove si ammala e si cura.

Cambiare significa riportare il discorso sui contenuti, sulle battaglie, e non sui volti.

Significa imporre investimenti e far sì che la scuola, la sanità e l'istruzione siano sostenute per intero dalla spesa pubblica, realmente universali. Significa essere severi con chi abusa della notorietà, con chi si serve della propria posizione e gestisce il conto aperto della rappresentanza senza il dovere di essere coerente, fedele.

Riportare gli elettori alle urne significa farsi carico di un desiderio comune che è quello della lealtà nei comportamenti, dell'efficacia delle soluzioni. Non esistono santi e non esiste il paradiso in terra. Ma nemmeno è plausibile legittimare i signori delle figurine, a volte famelici quanto e più degli avversari sempre combattuti. Dire «no» alla corruzione significa rendere meno costosa la vita dei più fragili, non certificare la prova immacolata della nostra santità.

L'evasione fiscale è l'arma letale che uccide la solidarietà: se è una battaglia da affrontare, be', deve essere condotta come un impegno solenne, non va ridotta a un vano susseguirsi di annunci a catena, di bugie che ricorrono, di promesse infrante.

Mi chiedo: finora quanto è stato salato il prezzo del travestimento? Con quanta delusione è stato pagato il ripetuto passaggio governativo? Quanto stupore hanno provocato gli atteggiamenti di personalità che hanno abusato del proprio ruolo e costruito sull'ufficio pubblico un castello di potere e di reti clientelari?

I nomi sono tutti nelle cronache giudiziarie e politiche.

Troppi esempi di malgoverno, troppe malversazioni, soprattutto troppo presente l'idea che il cambiamento sia una prospettiva inattuale, una chimera irraggiungibile perché il mondo è questo qua. Cattivo, ingiusto, diseguale.

Fare i conti con la propria storia significa riconoscere anche gli errori e non addebitarli agli altri.

Via il travestimento, via le figurine, dunque. E finalmente chiedersi: dove eravamo rimasti?

Di sana e robusta costituzione

Ad Aldo, pensionato di Alessandria, una vita di solitudine, confinata nell'orto di casa, destinata a interrogare il tempo nel ricordo di una famiglia dissolta, di un amore che non c'è più o che forse non c'è mai stato, di un lavoro finito e di amici perduti, iniziò a far male la gamba che era gennaio. Ci vollero due mesi per decidersi ad andare dal medico di base, che gli prescrisse una visita angiologica urgente. All'ambulatorio dell'ospedale gli comunicarono che per ottenere il consulto specialistico sarebbero stati necessari novantadue giorni.

I giorni passarono, il dolore no. Aldo contava le ore, aspettava la diagnosi e la cura con l'ansia di chi sente avanzare il male. In prossimità dello scadere dei novantadue giorni, però, l'ospedale lo contattò per scusarsi e disdire l'appuntamento. Gli dissero che avrebbero riassegnato la visita a un altro specialista e riproposto il consulto. Trascorsero invano altri due mesi, poi altrettanti. E così i giorni, alla fine, divennero duecentodieci. La gamba era ormai del colore di un tizzone. Quando finalmente arrivò il suo turno, l'infermiere chiese ad Aldo di stendersi sul lettino e attendere il medico, che veden-

do le condizioni disperate della gamba sbiancò. L'unica soluzione ragionevole sarebbe stata amputarla.

Così andò, infatti. A dimostrazione che esiste qualcosa di peggio della malasanità, della diagnosi sbagliata, dell'indifferenza colpevole, della distrazione dolosa, ed è l'ultima *impasse* nella quale siamo finiti: il collasso del sistema, la visita oltre il limite massimo, la fine di ogni rimedio e cura.

La gamba di Aldo avrebbe potuto essere salvata se un medico l'avesse visitato all'insorgere del problema. Ma nemmeno un professionista del servizio pubblico era disponibile, e lui non aveva conoscenze, né rapporti, né soldi per cercare una via di fuga nella sanità privata.

La sanità pubblica, per come l'abbiamo conosciuta, non esiste più. Dopo le pensioni tecnicamente fallite e il sistema di assistenza sociale – dagli asili nido ai servizi pubblici – ridotto allo stremo, vilipeso e perciò rimosso dalla coscienza collettiva, l'ultimo baluardo del welfare, l'ultimo luogo in cui l'assistenza appariva universale e approssimativamente paritaria era l'ospedale, l'ambulatorio pubblico, lo studio del medico di base.

In qualche modo l'ospedale si è rivelato per gli italiani il riparo principale, il posto in cui ogni cura era possibile per tutti gratuitamente: dai centri di eccellenza per gli interventi più difficili alla barella per i senza fissa dimora, che ancora si affidano al pronto soccorso come punto d'appoggio per alleviare la disperazione quotidiana.

Malgrado ogni considerazione e critica fondata, oltre ogni nefandezza o débâcle, quel luogo ha rappresentato la più avanzata forma di Stato in cui la lotta di classe – mi assumo la responsabilità di definirla così – ha visto la vittoria dei più deboli. I meno abili, i meno ricchi, i più sfortunati hanno godu-

to grossomodo delle medesime cure destinate ai più abili, ai più fortunati, insomma ai potenti.

Il pronto soccorso avrebbe dovuto essere la «linea del Piave» della sinistra, il fulcro della resistenza, lo snodo in cui si ristabilivano i rapporti di forza, ci si prendeva cura dei tanti che non possono contare, in caso di necessità, che sull'assistenza pubblica, universale e gratuita. L'ospedale, insomma, con tutte le sue pecche, i suoi protocolli e la serie interminabile di scandali e scandaletti, centro di gravità permanente del familismo più spinto, al netto di tutte le camarille e delle piccole e grandi vergogne, restava l'orizzonte, il porto sicuro. Si ergeva a custode universale dei nostri diritti, il primo dei quali dev'essere la tutela della salute, l'integrità del fisico, la salvaguardia della mente. La cura del corpo, più ancora della libertà di pensiero, come ultima istanza: ogni sacrificio è legittimo pur di restare in vita e in buona salute.

E non era già questo, l'ultimo diritto rimasto effettivamente universale, a parificare ricchezza e povertà? Non è l'ospedale il luogo in cui l'uguaglianza in corsia è indiscutibile e la priorità delle cure, la loro appropriatezza, è figlia di una diagnosi tempestiva e che risponde solo ai criteri della scienza, non della posizione nella scala sociale?

Per la sinistra il tesoro è lì, dove risiedono la sua forza e il suo destino. Se vuole sopravvivere, il Pd deve fermarsi a curare il proprio corpo politico nei pronto soccorso, lì dove l'urgenza è vissuta quotidianamente. Per la sinistra riformatrice, per tutto il complesso mondo progressista, questa sfida sarebbe dovuta divenire da tempo una lotta necessaria.

Ritrovare il rapporto con la società del bisogno e rivendicarne i diritti, obbligare il pubblico a resistere e a riconfermare, almeno nella cura, il codice dell'imparzialità, il fattore

che reclama l'urgenza e disciplina il sistema di accesso: codice rosso per i pazienti più gravi, verde per quelli medi, bianco per le questioni minori. La milza o il cuore, il femore, l'infarto, l'ictus. I doveri del medico devono ubbidire unicamente al principio dei bisogni più urgenti. Non è questo lo specchio esemplare nel quale una società giusta, cioè eguale, si ritrova e si sostiene?

Se la lotta fosse stata vera e tenace, tangibile, spiegata e proposta nei luoghi in cui la cura ieri concessa viene oggi negata, ridotta o posticipata, quanti di noi avrebbero accolto con maggiore speranza ed empatia i proclami, le proteste, le promesse?

Il pronto soccorso dovrebbe essere oggi il luogo su cui si concentrano le forze parlamentari. Insieme, al Nord e al Sud Italia, nei grandi policlinici e nei piccoli nosocomi di periferia. Le corsie dei reparti come le nuove città smarrite, un popolo stremato che aspetta un gesto, una mano, un cenno di vicinanza. Diversamente, come potrebbe la sinistra ricostruire la propria reputazione, la propria credibilità? In che modo, se rinuncia a investire tempo? E quanto tempo ed energie sono necessari!

Invece tutto tace. Al massimo si avverte il solito fastidioso sottofondo di commenti, mentre le rare prese di posizione cadono subito nell'oblio, mentre non si arresta il degrado che cittadini sconcertati documentano puntualmente sui social. Al limite qualche protesta da talk show, che dura una manciata di secondi, il consueto passaggio nel pastone politico del tg sulle considerazioni polemiche dell'una e dell'altra parte. Il triviale battibecco pubblico, la desolata protesta di piazza. Tutto retrocede, in una corsa verso il peggio, e la sinistra, i partiti che vorrei vedere impegnati, con la propria disattenzione decreta lo stato di abbandono.

Non solo ci ammaliamo di più, ma attendiamo più tempo per curarci. Siamo un popolo di cronicizzati, oramai: ventidue milioni di italiani sono in lista d'attesa. Un'enormità.

Perché i dirigenti dei partiti che avrebbero bisogno di consenso per tornare protagonisti sulla scena pubblica hanno destinato alla salute solo il grido di dolore di rito, un mugugno appena percepito persino dopo il trauma della pandemia di Covid-19, il cordoglio per le migliaia di morti, la paura che ci ha tenuti per mano nei due anni peggiori della nostra vita?

Perché la sinistra ha fatto meno del minimo indispensabile, al di sotto di qualunque soglia di decenza?

Esemplare la figura di una dinasty sanitaria, la famiglia Angelucci. Il capostipite Antonio, detto Tonino, settantanove anni, ha scoperto il valore economico dell'ospedalizzazione lavorando come portantino al San Camillo di Roma, enorme hub della salute. Oggi l'onorevole Angelucci è a capo di un gruppo industriale che conta ventisei strutture sanitarie con 3.500 posti letto e 2.000 dipendenti. Duecento i milioni di euro di ricavi che divide con i figli: Giampaolo, Alessandro, Andrea, Simone e Benedetta. È il deputato con la dichiarazione dei redditi più ricca di Montecitorio, come pubblicato dagli uffici.

Perché i privati fanno soldi con la sanità e le Asl ci perdono sempre?

Ed è un fatto che gli imprenditori della sanità sono spesso molto attivi in politica e spesso investono soldi nell'editoria. Amano specialmente quella scritta, fonte solo di problemi finanziari, perché l'editoria è ormai un business decaduto, campo minato per chi vuol far quadrare i conti.

Antonio Angelucci è deputato da quattro legislature, prima con Forza Italia e oggi con la Lega. Ha il record delle assenze dall'aula, 99 per cento. Non gli interessa Montecitorio, maga-

ri solo lo status da deputato, giacché l'immunità che ne consegue già una volta gli ha permesso di non subire un provvedimento di custodia cautelare. Alla famiglia appartengono tre quotidiani: «Libero», «Il Tempo», «il Giornale».

E i giornali a cosa servono? A chi? Alla politica, ovviamente, in questo caso alla sua parte, il centrodestra.

Con quanta veemenza la sinistra ha denunciato questa concentrazione di poteri e di interessi? Con quanta determinazione ha compilato la lista degli imprenditori della sanità contigui alla politica?

Il campo progressista possiede la forza, la storia, il passato giusto per mettere in fila questi fatti?

Ma se oggi gli ospedali pubblici sono in condizioni pessime e le cliniche gongolano, se i pronto soccorso sono abbandonati a se stessi e invece i laboratori di analisi cliniche gonfiano il petto con fatturati sempre più alti, prestazioni specialistiche e indagini diagnostiche sempre più complesse e approfondite, è perché è esistita una dimensione predatoria nella quale il sistema dei partiti è vissuto e ha banchettato.

Il degrado nei corpi dei più sfortunati, negli ambienti ospedalieri più inquinati, nelle aree più depresse del nostro Paese, si è progressivamente manifestato fino a esplodere come l'irrimediabile e definitiva conseguenza di una sorta di apartheid finanziario. Soldi e attenzioni a tutti, tranne a coloro che ci salvano la vita.

Contro questa cronicizzazione dei problemi l'interminabile mugugno a cui ci ha abituato la sinistra non ha avuto alcun seguito concreto. Ripetizioni annoiate della solita recriminazione per cui il governo, di qualunque colore, rosso o nero, di qualunque natura, tecnico o politico, avrebbe dovuto fare di più. E invece...

Una formula così inutilmente rituale da apparire falsa.

È la sinistra che deve chiedersi come sia possibile che oggi circa quindici milioni di italiani siano titolari di polizze assicurative, perché non hanno più fiducia nella sanità pubblica. Si tratta di un numero impressionante, che certifica peraltro come la parte più facoltosa della società, i cittadini benestanti, abbia già provveduto a erigere le linee di difesa, prefigurando anche nella sanità un problema per le generazioni che verranno, quelle già senza pensione e ora senza nemmeno la salute.

Quei quindici milioni di italiani che iniziano a prendere le distanze dal sistema pubblico sono l'avanguardia della società, in cui magari rientra anche parte del cospicuo mondo che si ritrova e si esprime nel rigetto delle tasse come dovere di giustizia sociale davanti a uno Stato che pretende «il pizzo», secondo l'infelice definizione usata da Giorgia Meloni durante un comizio a Catania. Chi può si sposta in clinica e si affida ai migliori medici, che naturalmente sono stati «prelevati» dal sistema pubblico.

Un primario di un reparto ospedaliero guadagna 4.700 euro netti al mese. Un quinto di un suo collega svizzero, un terzo di un tedesco, un quarto di un americano.

La sinistra avrebbe dovuto accorgersene e fare fuoco e fiamme per denunciare che in soli tre anni, tra il 2019 e il 2021, 19.000 infermieri sono fuggiti dai nostri ospedali; uno su cinque ha deciso di andare all'estero.

Solo per fare un esempio: un'agenzia di recruitment della manodopera specializzata propone agli infermieri in attività e persino a giovani e giovanissimi, a coloro che devono ancora completare il triennio universitario, l'assunzione, con contratto a tempo indeterminato, in Norvegia. Tremilacinquecento euro mensili più alcuni sostanziosi benefit.

Dove è scattato l'allarme, anzi quando è scattato? E, se sì, in che modo si sono svolte le proteste? Dove e come si è ragionato sulle cause di questa fuga di massa? Dove e quando siamo stati chiamati a scendere in piazza?

Come sempre il solito sottofondo rumoroso e niente di più.

Anche le migliaia e migliaia di morti causati dal Covid-19 sono stati risucchiati nel pozzo nero della nostra cortissima memoria. E così, appena riemersa dal buio dei due anni di pandemia, la sinistra ha cambiato postura e attenzione. Era stata titolare del ministero della Salute, dunque la posizione più adatta per prendere decisioni urgenti e necessarie. E avrebbe avuto un intero Paese ad ascoltarla, perché il dramma che abbiamo vissuto, quelle barelle nei parcheggi degli ospedali ad attendere invano di entrare, i morti nelle terapie intensive, le corsie sature, hanno convinto tutti della necessità di non perdere altro tempo e sostenere ogni sforzo pur di ristrutturare e rafforzare la sanità.

Si sarebbe dovuto alzare il tono della protesta, renderla drammatica e duratura, imporre ai talk show i temi che la politica sceglieva e non le facezie verbali, i battibecchi di un'ora e via. Avanzare con testardaggine nel mondo della sanità svuotata, deviata, arresa.

E invece abbiamo assistito senza fiatare, anzi con la mascherina davanti alla bocca, al più grande collasso della medicina territoriale. Siamo rimasti scioccati dalla dimensione della catastrofe, constatando che questi medici, quelli a noi più prossimi, erano spariti chissà dove.

Abbiamo appreso che nella sanità italiana mancano 60.000 posti letto, ma anche che il 40 per cento dei letti è inutilizzato. Il paradosso di una cattiva organizzazione, figlia della divisione dei reparti per tribù politiche. Sono infatti assegnati letti a

reparti poco frequentati dai malati, mentre i numeri di quelli clou – dalla medicina d'urgenza alla cardiologia all'ortopedia e così via – sono di gran lunga sottodimensionati.

Il tasso di utilizzo medio è pari al 59 per cento, mentre quello ottimale sarebbe del 90 per cento. Più precisamente – Milena Gabanelli è tornata più volte sul tema nelle pagine del «Corriere della Sera» – il 42 per cento dei reparti è al di sotto del 50 per cento di utilizzo.

Avrebbe dovuto esserci un'insurrezione e la sinistra avrebbe dovuto invitare il suo popolo a scendere in piazza, l'unico luogo di aggregazione. E invece siamo una nazione in lista d'attesa.

Oltre la tv come modello della politica

La politica in Italia è ormai un gioco di relazioni con i media, non con la realtà circostante. E dunque anche il discorso politico è stato via via abbreviato, condensato quanto basta per rientrare nel minutaggio dei telegiornali. L'attenzione ha smesso di focalizzarsi sulle cose da fare, sul mondo nuovo da scoprire, su tutto quel che si può creare con l'intelligenza e la passione delle idee, per concentrarsi sul ping pong del sì e del no a questo o a quello. Io contro, tu a favore del reddito di cittadinanza. Io contro, tu a favore del premierato. Io contro, tu a favore dei migranti. Li salviamo o li lasciamo affogare? Ping pong, appunto. Pallina che passa di qua e di là, senza che nessuno si curi di mettere fine a questa partita truccata.

Nel piccolo manuale del politico professionista e nell'importante ufficio della comunicazione che lo accompagna lungo il tragitto e che gli darà lustro e potere, l'abilità nel bilanciare, promuovere e nascondere diviene norma correttiva, principio costituente del politico in carriera – che sa ciò che vuole, ha i pensieri giusti e la parola pronta –, come pure del partito a cui fa riferimento.

Poche regole, ma universali, indiscutibili. Possiamo immaginarle, con un minimo di approssimazione, in forma di vademecum che si tramanda di taccuino in taccuino nella ormai numerosa compagine di specialisti che circondano i politici. In gergo si chiamano *spin doctors*, coloro che lanciano l'assistito nell'olimpo di giornali e tv, gli assicurano – attraverso training personalizzati – visibilità e notorietà, forza autonoma e reputazione pubblica.

Immaginiamo dunque un training che riassuma i punti cardine della comunicazione politica.

1. *Vale moltissimo la presa di posizione che atterra sul Tg1 e a seguire su altri telegiornali con i numeri a posto (anzitutto Tg5, poi Tg3, Tg La7, Sky Tg24, per i giovani Studio Aperto e le finestre informative di Tv8 e del Nove). Vale pochissimo se invece plana nel paniere ingolfato delle agenzie di stampa. Lì si perderà, chiaro.*
2. *Scegli solo le battaglie che si vedono, cioè quelle «notiziabili», che piacciono soprattutto alle tv, meno ai giornali, che infatti contano meno. Tieni sempre presente che la gente è stanca, la sera vuole conoscere le notizie di giornata e ascolta solo dichiarazioni chiare e concise, quasi un morso in faccia, una stilettata, una formulazione rapida di un fatto che si ricorda. Nessun tecnicismo. Ah, non usare gli acronimi, non li capisce nessuno. Non dire Cdm, che starebbe per Consiglio dei ministri, ma governo. La gente, per dire, non conosce il significato di Csm e neanche quello di «plenum». Non conosce nemmeno Montecitorio e non sa che cosa rappresenti Palazzo Madama. Bisogna avere rispetto per gli altri. Semplifichiamo, chiamiamolo Parlamento.*

3. *Non andare dietro al lessico dei giornalisti: è troppo tecnico e manda fuori strada. Il titolo prima di tutto. Il titolo ci deve importare. Devi averlo in mente e dirlo subito, altrimenti il giornalista fa di testa sua, ma distratto com'è (e anche scansafatiche!) spesso non centra la questione. Meglio se facciamo noi il lavoro che spetterebbe a lui, vedrai che ci ringrazierà. Se poi mandano solo il cameraman, siamo in una botte di ferro: avremo un minuto pieno senza il conteggio del tempo della domanda. Sarà meglio per noi. Nella prima frase servono le parole che costruiscono il titolo. Esempio: «Diciamo basta ai femminicidi!». Oppure: «Diciamo basta al precariato!». O anche: «La nostra battaglia per aumentare gli organici nelle scuole». Bisogna, se si può, essere sempre positivi, generalisti, banali quanto basta. Dare speranza.*
4. *Al tg deve andare chi sa parlare, la televisione non è un gioco. Serve un volto rassicurante e conosciuto, uomo o donna che sia. Se è una donna, deve essere abbastanza elegante, ma senza eccedere nel lusso, perché allontana, dà fastidio, fa persino incazzare, e fa venire cattivi pensieri a chi sta a casa. Se è un uomo, deve indossare sempre la cravatta, è un segno di rispetto per il ruolo. Maglione o camicia (inverno/estate) solo per le riprese casalinghe, se si sta in giardino oppure nel salotto di casa. E comunque in televisione bisogna andarci con un abbigliamento curato. Naturalmente conta la voce: meglio senza accenti marcati, ché poi ci si ricorda dell'accento e non di quel che si dice. Il viso mai troppo incupito: hai un bel volto, diamine!, esprimiti con spontaneità. L'aggressività non paga quando fai una dichiarazione al tg. Empatia! Serve l'empatia, e soprattutto devi dare l'impressione di es-*

sere padrone della materia. Convincente, sintetico, usa un linguaggio appropriato. Devi apparire autorevole, fai uno sforzo! Chiudere il discorso con un sorriso è un gesto di amicizia verso chi ti ascolta e ti guarda. L'aggressività mettila nei talk show; ieri per esempio, scusa se te lo dico, sei apparso rinunciatario, dovevi incalzare la controparte, insistere e importi.

A volte la caciara serve, perché interrompe il filo della propaganda dell'avversario. Oppure spezza il suo ritmo. O meglio, lo inchioda alle sue responsabilità. Devi sapere che in alcuni programmi gli autori scelgono la caciara per farci male, organizzano le «sedute» (le postazioni dove si accomodano gli ospiti) e convocano gentaglia solo per fare rumore e metterci in difficoltà.

5. *Si deve capire di chi è la proposta di legge, e soprattutto si deve capire che è passata grazie a noi. Non bisogna tacere sugli errori altrui, e lavorare con i paradossi: puntare sulle pensioni e dire, per esempio, «lei sì che con 4.000 euro al mese vede il mondo dall'alto!». Rende sempre bene, è una frase a effetto. Le pensioni scarse fanno incazzare, il tema è caldo, la gente conta gli anni che la separano dalla pensione. Soprattutto le donne, le mamme, specialmente se sono divenute nonne. Le nonne votano! Devi dire che Opzione donna è una fregatura, che è stata definanziata. Scandisci bene «de-fi-nan-zia-ta»: cioè hanno tolto i soldi, care amiche! Una cosa così. Dirlo e ridirlo.*
6. *Bisogna chiamare le cose con il loro nome: fare dichiarazioni taglienti ma non affrettate. Sui balneari, per esempio, attenzione: siamo per la competizione, per un mercato aperto, senza però negare che c'è del lavoro da tutelare, delle famiglie che sono lì da anni. Vogliamo di-*

fendere gli investimenti che danno valore. Noi vogliamo bene all'Italia.

Sulle città raccomandiamo la massima cura, vista la polemica sui taxi: i tassisti sono di destra, è vero, ma adesso è più facile provocare divisioni, far notare le contraddizioni nelle scelte del governo di destra. Come per i balneari, non dobbiamo accettare lo scontro, farci portare nel vivo della protesta, ma starne appena fuori, resistere lungo il margine che ci fa essere spettatori, ma non indifferenti. Interveniamo quando ci serve intervenire, altrimenti lasciamo fare alla maggioranza: tanto si fa male da sola.

E attenti al tema sicurezza: a Mediaset deve andare chi riesce a resistere davanti alle «voci contro», alle urla, ai filmati di spaccio e delinquenza. Ripetere che la polizia dipende dal ministro e non dal sindaco, e che adesso al Viminale c'è un prefetto nominato dalla Lega. Stare attenti, rintuzzare sempre, non piegarsi, non distrarsi. Se alzano la voce, dobbiamo alzarla anche noi, ma prima di ogni altra cosa bisogna interpretare il sentimento del parterre. Loro mandano dei provocatori in studio. Se ci sono provocatori non andiamo, chiaro? Anche se è in prima serata.

E poi, sui giornali: l'intervista chi te la fa? Ci sono giornalisti affidabili e altri, la maggioranza, infidi, che vogliono fregarci. Quel giornale dimenticatelo, hai visto come ci ha trattati?

Domani ti dico invece la scaletta dell'incontro. Vai tranquillo, è un colloquio sereno, quel giornalista ti farà parlare, mi ha detto anche che ha molto spazio. Mandiamogli delle foto, così viene fuori una bella pagina.

Ho ricostruito sommariamente, e con larghissime zone d'ombra, ciò che ogni giorno accade negli uffici stampa dei partiti, nelle stanze che si occupano della comunicazione politica, nei luoghi in cui si definiscono i temi da approfondire, quelli da sviluppare. Le battaglie da portare avanti, le cose da dire, quelle da negare.

La politica è ostaggio della televisione, anche se pensa di tenerla in pugno, di governarla, anzi di dominarla.

Nell'ansia di occupare spazi, la destra ha smontato e rimontato la Rai, da Fabio Fazio in giù, secondo le promesse della vigilia. Credete che la destra ne abbia tratto vantaggio? È stata una secchiata di acqua gelida sui conti della società che gestisce la pubblicità. Buchi milionari all'orizzonte.

La maggioranza di destra ha emulato, in peggio, le attività monopolistiche che fino a poco tempo fa erano appannaggio del centrosinistra.

La mia parte politica ha immaginato infatti di utilizzare la televisione come modello comunicativo, appropriandosi del suo stile, del linguaggio, e soprattutto dei temi. In questo modo ha iniziato a farsi contagiare da quella che, a ragione, può considerarsi una malattia autoimmune: la televisione innestata nel corpo della politica annienta ogni capacità di autonomia di quest'ultima e la allontana dal suo riferimento obbligato, che è la società. Di conseguenza i temi suggeriti saranno sempre più vicini a quelli divulgati dalla televisione e sempre più distanti dal circuito sociale, dall'interesse di chi campa lontano dagli studi.

Il punto di riferimento, il *benchmark* della politica è l'audience televisiva. Le ore di presenza in tv dimostrano la potenza del partito, della leader o del leader. Più ore, più forza. E i voti?

Costruendo una dimensione parallela, e soprattutto distante, la sinistra ha goduto via via di una visibilità sempre maggiore sul piccolo schermo. All'aumento della tv di sinistra è corrisposto il deserto dei tartari alle urne. Un rapporto inverso che è la conferma di come stare in tv non significhi stare tra la gente. Banale ma vero. Noi elettori di sinistra godevamo di una relazione, di una corrispondenza con la classe dirigente lontana anni luce dall'alterità dei leader avversari, dalla distanza che ponevano, dall'estraneità che manifestavano anche nella prossemica. Ai nostri davamo del tu, li abbracciavamo, li strattonavamo persino, e poi li abbiamo sempre chiamati per nome. Siamo riusciti, benché gli anni abbiano mutato sia le proporzioni sia le relazioni, a garantirci un ruolo, a essere orgogliosi delle nostre idee, anzi a proporle, a sottoporle al giudizio altrui. Era la discussione, quei lunghissimi confronti che si tenevano nelle sezioni, a farci considerare diversi.

Quando la sinistra ha imboccato la via esclusiva della televisione, passaggio epocale coinciso con l'inizio dei funerali di Stato della parola «socialismo» – inteso quasi come un affronto alla nostra consapevolezza, alla dignità della nostra passione e all'integrità morale dei nostri comportamenti –, allora anche questa originale comunione di intenti, questa comunità allargata si è via via smarrita. I congressi per noi di sinistra erano appuntamenti inseguiti per mesi, commentati, letti, attesi. Piano piano sono svaniti, e sono svanite le assemblee, poi i teatri, le sezioni e infine le piazze.

Ora ci sono i social, si dice.

Il modello televisivo ha costretto la politica a tenere in piedi solo le battaglie notiziabili, ignorando che i mass media hanno bisogno di mutare il palinsesto, raccontare le gioie e i

dolori del mondo con ritmo, rapidità, scivolando da un piano all'altro e archiviando la notizia un istante dopo averla data.

La mia sinistra si è trovata a ubbidire a questo registro e la scelta dei tempi, dei modi, delle parole è stata gestita in relazione all'uso giornalistico, e non alla tempra della cronaca e della vita. In cinque minuti, spesso interrotti da domande idiote, le indicazioni generali, lo stato delle cose, le nostre battaglie, anzi le sue, quelle del leader.

Entrare «dentro» la televisione, avendo preventivamente avuto cura di addomesticarla, giacché al comando erano posti tutti alfieri della battaglia progressista, è parso un sistema perfetto per parlare al popolo senza dover temere una replica, senza l'obbligo di guardarlo in faccia, senza sentirsi tempestare di domande. Insomma, senza discussioni.

«Pensioni, fisco, sanità. Stasera parleremo di tutto questo e di tanto altro, e ci collegheremo con...» è il solito ritornello televisivo. L'annuncio felice del conduttore dava ai nostri leader la percezione di interloquire con il mondo intero, di avere a disposizione una fionda, la parola, che muoveva sentimenti e indicava le battaglie da combattere. Così i talk show si sono moltiplicati sempre di più, mentre la fiducia dell'elettore andava scemando. È ormai un fatto: all'aumentare delle ore di televisione dedicate alla politica, diminuisce l'interesse generale per la politica stessa.

Qualcosa è andato storto nel vasto campo progressista. Perché, mentre la sinistra tradizionale, quella storica, faticava a trovare seguito, ad attirare l'attenzione, a gestire le battaglie, un movimento, quello dei 5 Stelle, andava a gonfie vele proprio in virtù della sua estraneità alla televisione, ai circoli, ai congressi. Non volevano andarci in tv, anzi: meno apparivano sugli schermi, più crescevano in termini di consensi. E

la loro più grande battaglia, per l'acqua pubblica, è stata quella che ha riscosso più successo nelle piazze e meno interesse nei talk show.

Ecco la malattia autoimmune. La sinistra si distruggeva con le proprie mani, si piegava ai ritmi mediatici facendo scegliere alla televisione i temi d'interesse dei cittadini chiamati a commentare per pochi secondi, negli intermezzi dei collegamenti in diretta. Il cittadino «microfonato» aveva diritto a esprimere un pensiero istantaneo. Tutti gli altri in silenzio. Applausi!

La mia sinistra ha iniziato a non rispondere più ai bisogni del territorio, alle richieste di chi affronta difficoltà o alle speranze di chi sogna un cambiamento reale. Rispondeva solo alle domande dei conduttori, a quelle dei giornalisti e nei tempi concessi dal minutaggio dei collegamenti, alle questioni che si potevano sollevare davanti a una telecamera.

La televisione ridisegnava il pensiero mentre internet mangiava il corpo della politica, le sue stanze, i suoi riti, i suoi simboli. Grillo era ben consapevole della capacità dei social di dare slancio a quella che sarebbe stata la più furente e aggressiva campagna di tesseramento dei 5 Stelle: il passaparola.

Da noi piazze vuote, da loro meet up pieni. La sinistra stava mangiando se stessa. I protagonisti indiscussi erano i 5 Stelle. La sinistra vittima di un potere da essa stessa esercitato.

La rete dei mass media con i quali il centrosinistra aveva sempre avuto un'affinità, un'amicizia e persino parentele importanti, era divenuta ininfluente. Invece gli outsider, estranei al sistema, avanzavano proprio grazie alla loro alterità.

E la forza dei 5 Stelle si è andata consumando non solo perché non hanno raccolto il lascito delle contraddizioni e delle urgenze di chi è al governo, ma soprattutto perché sono stati ingoiati dalla televisione, stremati dal racconto esclu-

sivamente mediatico, spesso inchiodati alla serialità dei temi trattati e alla banalizzazione che ha esaurito presto ogni spinta innovativa.

Bisogna recidere ogni relazione obliqua con il giornalismo, ogni connivenza con il sistema televisivo e tornare ad affrontare i progetti popolari. Ritrovare nel circuito delle comunità locali la forza e la passione, che ancora esistono.

La sinistra ha la sua nomenklatura stipata a Roma, ma tante comunità sono attive altrove attraverso comitati civici, associazioni più o meno collegate, esperienze larghe e diffuse. Non esiste scambio, non esiste sviluppo dell'esperienza comunitaria verso l'altro, perché nessuno lo cerca.

Le piazze vuote sono il segno evidente di questa bolla dentro la quale gli eletti scacciano gli elettori, confidando nel residuo passivo della smemoratezza. Secondo questa tesi, non è necessario che tutti si rechino alle urne, è indispensabile che chi ci va, anche una minoranza, voti come al solito, invece di rompere le uova nel paniere con la denigrazione, la cattiva reputazione, quella volontà di comandare dove non si può più.

Questo dovrebbe fare la sinistra: rinunciare all'ospitata, a indicare il conduttore, a scegliere l'autore, a irrompere nella scaletta del telegiornale. Rinunciare al fittizio per stabilire una sola cosa: l'unica verità che conta è la realtà. E questa realtà dice che la sinistra non esiste, non vive, non coinvolge, non appassiona. Non intriga.

La mia parte politica dovrebbe spiegarci bene cos'è il progressismo e riprendere il filo da dove lo avevamo lasciato.

Abbandonare la televisione, tornare in campagna, nelle città e nei paesi. Imboccare convinta la strada dell'opposizione, raccogliere le domande che non interessano più, affrontare i problemi che restano insoluti, le questioni irrisolte. Tentare di

stare veramente accanto agli ultimi, promuovere il merito, dare ascolto ai talenti, dare riscontro alle necessità. Invertire il sistema, capovolgere la piramide, trovare il coraggio di impoverirsi. E tornare a ripetere, come ai vecchi tempi: siamo tutti uguali.

Il mondo nelle nostre tasche

Eravamo terzomondisti, accanto all'universo dei deboli, dei colonizzati, dei cosiddetti «grabbati», a cui le multinazionali e alcuni Stati hanno «scippato» i terreni di proprietà, ma pure entusiasti delle giovani democrazie dell'altra America, quella del Sud.

E così il Cile di Salvador Allende, per esempio, non è stato solo la vicenda eroica e drammatica di un'esperienza di governo rivoluzionaria spazzata via dal potere militare e dai suoi protettori, dalla politica imperialista di Washington, ma ha costituito il ritratto di una generazione, al punto che una canzone che la celebra diviene l'inno alla gioia dell'era esuberante e positiva della sinistra. Gli Inti-Illimani – ricordate? – hanno popolato i nostri sogni. Eravamo avanti ed eravamo in tanti, le piazze brulicavano di giovani come me: volevamo cambiare il mondo, non solo l'Italia.

I problemi sono nati quando abbiamo compreso che il partito, l'universo dentro il quale custodivamo i nostri sogni, aveva perso l'entusiasmo necessario per fare la differenza, per incidere sulle dinamiche globali, e non sentiva più l'urgenza di

cambiare neppure l'Italia. Gli era rimasto appiccicato addosso solo un tremendo bisogno di governarla, magari meglio e più a lungo degli altri.

Ecco allora che la diritta via si è smarrita, la traiettoria ha iniziato a incurvarsi da una parte e dall'altra: così si è perso di vista l'orizzonte.

Arretrando, retrocedendo in quanto ad aspirazioni, sempre più al ribasso, modificando le suggestioni, avanzando con l'età, la maturità, la cosiddetta «complessità», valutando i pro e i contro, abbiamo pensato che fosse meglio cambiare postura e facciata e, perché no?, anche lo sguardo sul mondo. Poco alla volta siamo divenuti fan della globalizzazione, quasi in perfetto accordo con l'andazzo generale, con la Cina che galoppava, l'India che ci sorprendeva, l'Oriente che sembrava sempre più vicino. Per non parlare delle autarchie quasi più vincenti delle democrazie, sicuramente più pragmatiche e influenti: Turchia, Iran, Arabia Saudita, Russia e Cina.

Nella confusione tra i diritti dei lavoratori, le regole del mercato, la complessità del mondo, ci siamo fatti fregare. Abbiamo accusato di protezionismo chi chiedeva più tutela per le merci prodotte nei Paesi dove i diritti sono di casa. E così, sulla strada di una magniloquenza con le società che ci facevano buon peso delle loro merci, abbiamo estratto dal cilindro la nostra contrarietà a ogni forma di sovranismo e nazionalismo.

Come quei nuotatori della domenica che, malgrado le onde alte, si tuffano e rischiano senza sapere dove li porterà la corrente, che non hanno la forza e la capacità di resistere ai mulinelli, ci siamo trovati presto con l'acqua alla gola. Il lavoro dell'Est rubava diritti, chiudeva gli spazi di contrattazione, faceva arretrare le condizioni contrattuali laddove erano speri-

mentate e portavano capitali nei luoghi in cui il salario era dimezzato, se non peggio.

Un impoverimento economico che fruttava a chi sfruttava, ecco il risultato! Come un virus, aggrediva i diritti conquistati dai lavoratori nelle democrazie avanzate e li svuotava poco alla volta.

Dall'Occidente il lavoro è stato trasferito in Oriente, grazie al capitale che ha sloggiato dalle società più ricche (con il costo del lavoro più alto) per spostarsi in quelle più povere, se non addirittura poverissime.

La sinistra è sparita dentro la nube sempre più estesa della globalizzazione, dopo aver rinunciato ad affrontare e sostenere i grandi temi delle libertà fondamentali, delle battaglie democratiche. Dopo il Cile e, qualche anno più in là, il Nicaragua, il Mozambico e l'Eritrea, non abbiamo più inseguito nemmeno l'idea di rappresentare comitati e organizzazioni politiche in lotta per la pace e per i diritti. Semplicemente assenti, risucchiati dalla corsa casalinga al governo.

La sinistra matura, la sinistra dai tratti rinnovati, ha assistito alle nuove esplosioni di violenza e all'emergere di nuove forme di povertà in un silenzio spesso complice, oppure manifestando una disattenzione sorprendente. Così, per esempio, abbiamo seguito nel totale disinteresse la costruzione del circuito dei cosiddetti «grabbatori», di Stati sovrani e multinazionali fameliche che si accaparrano le terre degli ultimi, dei più poveri con l'arroganza di un potere militare e finanziario smisurato. Acquisire è stata la loro parola d'ordine nell'ultimo ventennio, ma questo non ci ha turbati. Non ci siamo preoccupati di valutare in che misura questa spoliazione perpetrata dal potere capitalistico avrebbe intensificato e reso tumultuosa la migrazione da sud verso nord, impoverito le già sche-

letriche democrazie dell'Africa e praticamente azzerato ogni possibilità di sopravvivenza degli indigeni, costringendoli al cammino della speranza verso l'Europa, la terra promessa.

Ad aggravare le proporzioni dell'esodo, il cambiamento climatico, la nuova emergenza planetaria, il pericolo più grande per lo stesso Occidente.

E la sinistra? Ancora silente, oppure così debole da divenire irrilevante, così stanca da non sentirsi più molto coinvolta nei destini del mondo. Abbiamo perso la bussola e siamo rimasti senza campo, senza ruolo. Serviva una sinistra europea, moderna, che avesse voglia di lottare contro quella sottrazione progressiva, di impugnare le armi della controffensiva politica e ideale, per ribattere alla filosofia padronale del mondo ricco che, dopo aver conquistato l'egemonia culturale nell'Occidente, avvia la campagna predatoria nelle regioni povere, già sotto scacco per le guerre civili tra fazioni e territori, tra clan e impostori, spesso militari traditori, e in condizioni sanitarie sempre più precarie.

In quel momento, agli inizi del Duemila, la sinistra avrebbe dovuto aprire gli occhi all'Italia, poi raggiungere Bruxelles e spiegare agli altri Paesi che stavamo contribuendo a realizzare un cammino della disperazione, aprendo, paradossalmente, la strada che conduce alla destabilizzazione del sistema.

Il nostro Paese, come poi è avvenuto, sarebbe stato esposto all'esodo, ai rischi di un'emigrazione senza controllo e senza futuro, e non avrebbe potuto reggere sotto i colpi di questa crisi umanitaria.

E che cosa abbiamo capito, invece, noi di sinistra? Che dovevamo difendere Lampedusa, che era in pericolo la nostra piccola isola e non l'immensa Africa. Non abbiamo voluto comprendere che, appunto, per difendere Lampedusa biso-

gnasse destinare al continente africano risorse e competenze affinché potesse ridursi il flusso di disperati che metteva in allarme l'Europa intera, non solo noi. E così, disconoscendo la dimensione della crisi, ci siamo limitati a fare come nostro solito, tenendoci il più possibile alla larga dai problemi e dall'Africa stessa, finanziando i clan tribali lungo la costa libica e tunisina, trasformando in un grande carcere a cielo aperto le aree a ridosso dei porti da cui salpano le carrette dei disperati.

Abbiamo iniziato a competere con le destre, a esibire le nostre abilità, la grande efficacia delle politiche di respingimento di un governo di centrosinistra. L'ex ministro dell'Interno Marco Minniti, catalogato come «dalemiano di ferro», è assurto a regista del respingimento. Ma quale prezzo abbiamo pagato, se quanto corrisposto è poi servito ad armare ancora di più le tribù in lotta, facendo della Libia un unico campo di battaglia? Un Paese fatto a pezzi, ferito dai colpi dei cannoni, ingozzato di soldi da chi, come noi, chiedeva di fare il lavoro sporco: chiuderli a chiave e scegliere se farli vivere oppure no.

Ecco la sinistra. È questo tutto ciò che abbiamo saputo fare. Dovremmo essere orgogliosi o piuttosto imbarazzati? Abbiamo gareggiato con le destre contendendoci il titolo di chi respingeva meglio i migranti, di chi li affrontava con più efficacia, di chi li faceva sparire con minore dispendio di energia e soprattutto senza scandalizzare le coscienze.

E così abbiamo fatto silenzio quando l'Europa ha immaginato di finanziare per se stessa un piano straordinario di ripresa e resilienza, il cosiddetto «Pnrr», attivando linee di credito pari a 700 miliardi di euro, e alla mia parte, al campo progressista, non è venuto in mente che prima dell'Europa dovesse essere l'Africa a ricevere un sostegno per resistere e non soccombere.

Non solo le guerre, gli scontri tribali, finanziati dalle multinazionali. Non solo il cambiamento climatico, la siccità che ha devastato quel che restava delle colture e reso più drammatica la crisi della popolazione. Alla somma delle emergenze si è appunto aggiunta, nell'ultimo ventennio, la grande operazione di accaparramento, con le buone e con le cattive, che ha espropriato gli indigeni del possesso di circa 78 milioni di ettari di terreno. Coltivato o meno, boschivo, lacustre.

Solo per fare qualche esempio: un emiro ha acquistato in Tanzania 400.000 ettari per godere dell'assoluto privilegio di avanzare con le sue battute di caccia; la Corea del Sud ha comprato dal Madagascar la metà dei suoi terreni coltivabili; l'Etiopia ha ceduto la ricca e fertile valle dell'Omo. Anche al di fuori dall'Africa si sono compiuti episodi di razzia: prima della guerra che ha colpito pure i silos di grano e ha affamato il mondo di coloro che con quel grano, come l'Egitto, riuscivano a sopravvivere, l'Ucraina aveva concesso alla Cina tre milioni di ettari per coltivarli da padrona.

Spogliare il continente già povero delle sue ultime ricchezze è divenuta un'opportunità per il mercato globale delle materie prime. Comprarsi l'Africa significava però mettere in moto la colonna infame dei disperati, degli ultimi nel mondo, e rendere insopportabile la pressione di questo capitale umano che cerca fortuna dove la globalizzazione indica che c'è. Nei nostri Paesi, nelle nostre terre. Tutti in Europa!

La sinistra dei capelli grigi, la sinistra dei gentlemen, ha rinunciato alla forza espansiva del sogno, alla frequentazione ideale con quei popoli che lottavano per la libertà e avanzavano sulla via di un timido benessere. La sinistra ha dimenticato anche la teologia della liberazione, il movimento progressista della chiesa sudamericana.

Adesso forse non è tardi per chiedere a Bruxelles di riaprire il dibattito sul Pnrr e di immaginare un piano di ripresa e resilienza per l'Africa che goda di finanziamenti tali da inaugurare una nuova era. Se appena il 10 per cento di quei 700 miliardi di euro destinati agli europei venisse stralciato o aggiunto al resto per fare fronte all'emergenza africana, apriremmo la prospettiva di un nuovo mondo e la sinistra potrebbe finalmente coltivare e approfondire le relazioni che oggi le mancano, la cultura degli altri, la forza e la storia di coloro che non ci sono accanto, che sono lontani dal nostro modo di pensare e di vivere.

Riattivando le battaglie internazionali, la sinistra deve ritrovare i giovani, ma per farlo deve ridare un segno, una speranza, la voglia di andare lontano. È una necessità, perché la vittoria della destra radicale nel 2023 nei Paesi Bassi ci ha mostrato che cosa accade se fallisce un governo di destra: ne arriva un altro ancora più a destra, e via estremizzando. Non c'è la sinistra a dare il cambio nell'Argentina del *loco* Milei, nei Paesi Bassi dell'islamofobico Wilders, nella Germania che affronta la tempesta dell'Afd, partito con evidenti simpatie naziste che macina consensi, e negli Stati Uniti con il fantasma di Trump.

La sinistra deve tornare a parlare al mondo, altrimenti il mondo se la mette in tasca.